張良

嗨！有趣的故事

沈念

Hi! Story

【出版說明】

在文字出現以前，知識的傳遞方式主要就是語言，靠口耳相傳的方式記錄歷史與情感表達。人類的生活經歷、生命情感也依靠著「說故事」來「記錄」。是即人們口中常說的「傳說時代」。然而文字的出現讓「故事」不僅能夠分享，還能記錄，還能更好、更廣泛地保留、積累和傳承。

《史記》「紀傳體」這個體裁的出現，讓「信史」有了依託，讓「故事」有了新的準則：文詞精鍊，詞彙豐富，語言精切淺白；豐富的思想內容，不虛美、不隱惡。選擇人物一生中最有典型意義的事件，來突出人物的性格特徵，以對事件的細節描寫烘托人物的情感表現，用符合人物身份的語言，表現人物的神情態度、愛好取捨。生動、雋永而又情味盎然。

「故事」中的人物和事件，從來就是人類的「熱門話題」。她是茶餘飯後的趣味談資，是小說家的鮮活素材，是政治學、人類學、社會學等取之無盡、用之不竭的研究依據和事實佐證。

中國歷史上下五千年，人物眾多，事件繁複，神話傳說與歷史事實並存，正史與野史交錯互映，頭緒繁多，內容龐雜，可謂浩如煙海、精彩紛呈，展現了中華文化的源遠流長與博大精深。讓「故事」的題材取之不盡，用之不竭。而其深厚的文化底蘊如何呈現，怎樣傳承，使之重光，無疑成為《嗨！有趣的故事》出版的緣起與意趣。

《嗨！有趣的故事》秉持典籍史料所承載的歷史精神，力圖反映歷史的精彩與真實。深入淺出的文字使「故事」更為生動，更為循循善誘、發人深思。

《嗨！有趣的故事》以蘊含了或高亢激昂或哀婉悲痛的歷史現場，以對古往今來無數先賢英烈的思想、事蹟和他們事業成就的鮮活呈現，於協助讀者不斷豐富歷史視域和深度思考的同時，不斷獲得人生啟迪和現實思考、並從中汲取力量，豐富精神世界，在實現自我人生價值和彰顯時代精神的大道上，毅勇精進，不斷提升。

#【導讀】

張良，字子房，漢王朝的開國功臣，出色的謀略家，與韓信、蕭何並稱為「漢初三傑」。《史記．留侯世家》記載了張良的主要生平事蹟。

張良是韓國貴族後裔，祖輩五世相韓。秦王朝統一六國，韓國滅亡，為了報仇，青年時期的張良顛沛流離，弟死不葬，散盡家財，招募勇士刺殺秦始皇。博浪沙刺殺失敗後，他隱姓埋名藏於下邳，在那裏偶然得到黃石公授予《太公兵法》，並精研苦讀，掌握了用兵之法。

秦末大亂之際，張良也組織義軍抗秦。本想投奔景駒，路上遇見劉邦，便改跟隨了劉邦。他追隨劉邦南征北戰，成為其智囊，最終幫助劉邦推翻秦朝，戰勝強楚，奪取了天下。

張良足智多謀，在歷史上留下諸多佳話。他輔佐劉邦平定天下，奇計百出，功不可沒。在降宛取嶢、入主關中、鴻門脫險、燒毀棧道、聯合諸侯對抗項羽、銷毀分封六國印信等歷史事件中，都少不了張良的獻計獻策。因此，劉邦稱讚他：「夫運籌策帷帳之中，決勝於千里之外，吾不如子房。」

即使有這麼大的功勞，張良也不居功，不追逐利祿功名。漢朝初建，劉邦封賞功臣，張良辭讓富庶齊地和食邑三萬戶的厚封，選擇了當初與劉邦相遇的留地，所以後人也稱他為留侯。受封之後，他閉門謝客，深居簡出，輕易不問政事，恪守「疏不間親」的為臣之道。後專心修仙學道，雲遊四海，得以善終。這既是張良高超政治智慧的體現，避免了像韓信、彭越等功臣「兔死狗烹」的下場，也是功成身退、通透達觀的人生態度的體現。

集謀略家與政治家於一身的張良，他的智慧、品德和功勳，令其青史留名。唐代開元年間，設置太公尚父廟，曾以留侯張良配祭。唐肅宗時追謚姜太公為武成王，並選歷代良將十人，稱為「十哲」，張良也是其中之一。北宋王安石曾有詩評價他：「漢業存亡俯仰中，留侯於此每從容。固陵始議韓彭地，復道方圖雍齒封。」可見，張良雖然沒有獨自統兵作戰，但他的深明韜略、政治遠見，在後世依然影響深廣。

目錄

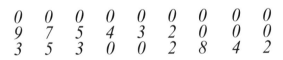

刺秦

一

秦始皇二十九年（前二一八年）春天的一個晚上，陽武縣城（今河南原陽）內的一座普通院落，急促的腳步踩碎一地靜謐，院門推開時發出的吱呀聲，很快隱沒於墨色蒼穹裏。

兩進的院落裏沒有栽種花草樹木，只有一條孤零零的石頭小徑。一個魁壯的身影一閃而進，房間裏的微火突然間滅了。幾句話的工夫，那個魁壯的身影已旋風般消失在黑夜裏，留下瘦細的張良身體不經意自主地顫抖起來。

人走了，但腳步聲仍在耳旁。那個身影離開時，反覆說著兩個字：「快走！」

張良心裏想著：是呀，如果不趕緊離開的話，也許過不了多久，這裏將被秦兵包圍搜查，那些追捕者隨時會闖進來……

張良關上院門，向外走去。他必須趕在秦兵大搜捕之前，趁著夜色逃離。

夜風突然變冷了。他感到一種從未有過的寒意，雖然早就做好了不計生死的準備，但他的手還是顫抖起來，每一根手指都不聽使喚。

你害怕了？

不！為報國恨家仇，我無所畏懼！

你不怕死嗎？

自立誓報仇復國的那一刻開始，我就將生死置之於度外！

你真不怕死？

對一個家破國亡之人來說，死有何懼？

……

他沒有什麼畏懼的，此生最大的心願就是為韓國、為自己的親人復仇。他回憶起謀劃刺秦的點滴，如何找到幫手，如何選定地點……

令人惋惜的是，此後張良才知道，精心籌謀的鐵錐行刺，最終還是在這個春天，以擊中秦始皇的副車而失敗告終。

二

秦始皇二十七年（前二二〇年），張良帶著滿腔悲傷離開家鄉前往淮陽（今屬河南）。

十年前，韓國滅亡。十年來，張良在家鄉組織義軍反秦，卻落了個隊伍離散、家人慘遭殺害的結果。失敗讓他明白：僅憑一己之力，很難取得反秦的勝利。

此番去淮陽，為的是投奔父親的一位故交，也是一位飽學之士。二人一見如故，張良向先生講述了家中遭遇的變故。張良的祖父張開地和父親張平，先後做過韓昭侯、宣惠王、襄哀王、釐王、悼惠王五代韓王的相國。堂堂「五世相韓」之家，竟然落到今日下場。

張平任相國期間，嘔心瀝血，兢兢業業，並沒帶給這個國家新的氣象和轉機，韓國反而日漸衰微，淪為東方六國中最弱小的一個。悼惠王二十三年（前二五〇年），張平患病而逝。父親離世二十年後，秦滅韓，韓王安被俘。

遭此國變，張良不甘心成為亡國奴，決心為韓國報仇。他和弟弟遣散家奴，變賣家產，組織群眾抗擊秦軍。弟弟比他小兩歲，身強體壯，喜歡練武，也讀了一點兵法。不幸的是，弟弟不久便中了埋伏，重傷離世。張良為了報仇，沒有厚葬弟弟，將全部家財拿來招兵買馬。

他打算訓練一支精幹的游擊隊，帶去沙場殺敵。這支反秦義軍周旋於小股的秦軍之間，打了幾次勝仗，也常常被趕得東躲西藏、四分五散。

不久，災禍又一次降臨到昔日的相府，惱羞成怒的秦兵為了教訓跟他們作對的張良，把他的母親、姊姊和數十位親人全都殺害了，家中財物也都搶掠一空。血洗之後又一把大火燒毀了張府的宅第。

至親被害，張良感到從未有過的挫敗和悲痛。國沒了，家也不在了。從這一天起，張良就開始了四處暗中招募刺秦的勇士。有人聽說要去刺殺秦始皇，趕緊扭頭就走。有人好心勸阻張良不要意氣用事，千萬不要惹這殺身大禍。張良抱著復仇的希望，索性離開了家鄉。

先生聽到這裏，百感交集：「世事無常，沒想到世兄遭此劫難。」

張良說：「我來投奔先生，就是想要學習各家學說及兵法，尋機再招募勇士，替冤死的親人，替覆滅的韓國復仇。」

先生悲歎一聲：「刺殺秦始皇，豈是一件容易的事。不過凡事不去做，又哪知道是易是難呢？」

聽聞此話，張良更加堅定了刺秦的信念。他說：「若殺了秦始皇，一國無君，群龍無首，還愁暴秦不倒嗎？」

先生讚許，他把張良留了下來。張良潛心向學，經常與先生促膝交談，對儒、墨、道、法等各家學說漸漸掌握熟悉，並有自己的見解。

春去秋來，先生深知張良始終未忘復仇之事，就把他叫過來，說：「我所能教的，你都學得很好，不必在此浪費時間了。我給你推薦一位朋友倉海君，他在東夷為官，雖說是小吏，卻是一位極有擔當的人。找到他，對你或許有幫助。」

張良依言告別先生，去了東夷。

三

倉海郡是一座臨海的小鎮，鎮上的男人出海捕魚，女人織網或操持家務，孩子嬉戲玩耍，一派寧靜祥和。

夜幕降臨，張良敲開一戶漁夫家，請求借宿一晚。開門的青年漁夫皮膚黝黑，體格壯碩，一看就是打魚的好手。青年漁夫沒吭聲，倒是家中的老母親爽快地答應了他留宿的請求。張良暗想，這樣孔武有力的壯士當個漁夫有些可惜了，但初來乍到不便多問，加之路途勞頓，他一躺下就睡著了。

半夜醒來，潮聲陣陣，張良回想起淮陽先生說過的倉海君的故事。倉海君原是家境殷實的本地人，因看不慣當地官吏的魚肉百姓、無惡不作，設計將其灌醉後殺死。後來又花錢買通關係，將其之死歸咎為暴斃，並取而代之成為倉海吏。經過他的一番周旋和維護，小鎮上的人們才過上了平靜的生活。

張良由衷地佩服倉海君，而他呢，又何嘗不想有一番作為，只是他面對的可不是一個小小的官吏，而是高高在上的皇帝。

次日大早，青年漁夫出海了，張良與老婦人告辭，就前去拜見倉海君。倉海君身材高大，年紀約莫五十左右，聽說張良是淮陽的先生推薦來的，十分熱情地接待了他。

張良將自己的家世和遭遇和盤托出，懇切地說：「先生盛讚您有勇有謀，我這次前來，特別希望得到您的指教。」

一個人敢冒天下之大不韙，倉海君對眼前這位年輕人另眼相看，也有一種惺惺相惜之感。

「後生可畏，韓國有您這樣的子民，是復國的希望。我當初除暴安良，就是想保倉海這一方太平，若是我離開，恐怕倉海人又會回到被欺壓的過去。」

張良急切地說：「刺秦之事，若有勇士相助，則天下太平指日可待。」

倉海君點頭，說：「這樣吧，我舉薦一位壯士，他為人耿直，有一身好武藝，對始皇帝也恨之入骨，會是個好幫手。」

張良聽後大喜。倉海君派人找來那位壯士，張良定睛一看，竟然是昨晚借宿其家的青年漁夫。漁夫身世坎坷，與秦始皇也有著血海深仇。他的父親兄姊三人在戰亂中被秦兵殺害，留下年邁的老母親與他相依為命。前年他出海捕魚，相愛的未婚妻被秦吏搶走，送到了咸陽做宮女。他找到秦吏說理求情，反被毒打受傷。傷好之後，他想闖入秦宮救未婚妻，後來卻又聽說她懸樑自盡了。他也想過刺殺始皇帝替家人和未婚妻報仇，卻多次被老母親和倉海君攔阻下來。

張良對他說：「壯士，今日相見，三生有幸，我們一起共謀大事！」

壯士滿口答應：「好，一切都聽兄長的安排。」

張良和壯士決定從皇帝出巡途中找機會下手。臨行前，倉海君為他們餞行，他還請人趕製了一把重達一百二十斤（合今六十斤）的大鐵錐，形狀如瓜，長柄在手，投擲擊人，殺傷力很大。壯士輕巧地抓起鐵錐，向遠處的空地擲去，把一塊石頭擊得四分五裂。倉海君反覆叮囑，凡事要謹慎多思，周密謀劃。為了讓壯士安心，他還允諾一定幫其照顧好老母親。

兩個復仇者向倉海君拜謝告別，踏上了刺秦之路。

四

統一六國後，秦始皇一心想展示大秦帝國的威儀，四處巡遊，也想藉機震懾一下那些沒有真心臣服的六國舊貴族們。為此，他徵調大量民夫修築馳道，為皇帝專用，若是有人擅自上了馳道，將被治罪。

秦始皇每次出巡，都有豪華的儀仗和龐大的車隊。僅隨從的車輛，最隆重的「大駕」

是八十一輛，次之的「法駕」減半。中間是威風八面的秦始皇御駕，稱金根車，六匹昂首奔馳的黑色駿馬挽駕。秦時尚黑，故始皇大駕皂蓋黑馬。隨從車輛，按五行配五色，有五色安車和五色立車，又稱為「五時副車」；還有能調節溫度的轀掠車。這五色屬車全部是黑色的車蓋，紅色的內裏，上面佈滿兵器。前面的隨從屬車蒙虎皮，最後兩輛懸豹皮。挽車的馬是河曲馬，膘肥體健，佩帶著明光燦燦的金銀絡頭構件。御手頭戴切雲冠，腰佩長劍。車蓋和輿都繪有變形的夔龍鳳卷雲和雲氣的花紋作裝飾。車衡兩端及駕馬的軛鉤都裹金鏤花作裝飾。

這樣的陣仗既可顯現大秦的威儀，也兼具了保護秦始皇的功能，在如此龐大陣式中要能靠近秦始皇的所在可以說是微乎其微的機會。

齊魯大地是秦始皇出巡的必經之地，出巡的路線和時間卻被嚴加保密。張良與倉海壯士奔波在尋找始皇帝蹤跡的路上。他們一路追尋打聽，可每次都是遲了一步，他們剛追過去，出巡的車隊又離開了。

「我們何時才能找到那個暴君呢？」屢屢撲空之後，壯士有些洩氣。

「再等一等吧。」張良勉勵壯士。

有一天，張良突然想到，始皇帝出巡總是要回咸陽的，何不守在他返回的路上尋求時機呢？

當他們匆促趕到陽武這個去往咸陽的必經之地，聽到的卻是皇帝一個月前就已返回的消息。張良二人只好從長計議，隱姓埋名到陽武縣城找個謀生之路，再尋時機。

大半年過去，終於在第二年春天等來了秦始皇的第三次巡遊。這一次，始皇帝仍要途經陽武。

陽武臨近黃河，方圓幾十里都是沙地。張良想方設法打探到始皇帝的出巡路線，想要尋找最佳的伏擊點。那天他信步走到城外一個叫博浪沙的地方，停了下來。只見一道道沙丘如波浪湧動，一條新修不久的馳道從這裏穿過。張良眼前一亮，異常興奮：這真是一個好地方。他找來壯士商議：「我們事先埋伏在這裏，等車隊經過時，再投擲鐵錐，始皇帝必然車毀人亡。」

壯士點點頭說：「只要認準了始皇帝的車，必中無疑。」

皇帝巡遊隊伍到來的這天清早，張良與壯士在灌木叢中埋伏好。壯士說：「兄長還是速速離開吧！」

「你一人留下，我不放心。」

「我會看準皇帝的車騎再投擲的，兄長回住處等待消息吧。此地危險，不可久留。」

張良依言離去，心卻懸在了博浪沙。

出巡的車馬隊伍傍晚才緩緩駛來，大隊人馬聲勢喧騰，所經之處塵土飛揚。灌木叢中凝神屏氣、圓瞪雙眼的壯士，死死盯著車隊中那輛最豪華的車輛。他料定那就是始皇帝所乘之車。車隊離得愈來愈近，壯士全身都汗涔涔的。他擦乾手心的汗，等出巡的車隊離他最近的一刻，起身站立，大叫一聲，把鐵錐投擲出去。只聽見一聲轟響，馬匹驚嚇嘶鳴，侍衛們趕緊上前護駕，現場一片混亂。

壯士趁亂逃離，回到城裏時天已經黑了。他找到張良，告訴他大事已畢，並催促他趕快出城，不久搜捕的秦兵就將到來。

兩人就此別過，足跡被夜色覆蓋。身後的陽武城，被秦兵的一夜搜查鬧得雞犬不寧……

授書

一

張良沿著黃河一路東逃，萋萋荒草向他敞開被湮沒的小路。他夜宿山林，白天趕路，渴了就喝溪水，餓了就啃幾口乾糧。也不知風餐露宿了多少個日夜，最後來到一個叫下邳（今江蘇睢寧）的地方。

下邳有水運往來之利，呈現出一派人丁興旺、商貿繁榮的景象。

張良隱居在此過了一段平靜的日子，對城內城外的環境慢慢熟悉。一天夕陽西下，張良來到城外，落日餘暉灑落河面，映照著漂蕩在水上的紫色花瓣。橫跨河上的橋，被陽光照徹，通體燦爛。

一位拄著枴杖的白髮老人，慢慢悠悠地從橋那頭走來。老人步履緩慢，神色莊重，盯著前方。落日的光芒突然間暗淡、消失，四周一片安靜，只有老人撲噠、撲噠的腳步聲由遠而近。

「小子哎！給我把鞋拾過來。」老人說話了，張良怔了一下，並沒有明白是怎麼回事。他轉過頭，發現原來是老人的鞋掉橋下去了。

老人又開口了，對張良的發愣似乎有些不滿，語氣裏充滿責怪：「小子哎！下去替我把鞋拾上來。」

老人的無禮讓張良有些不悅，但看看老人滿頭白髮，也就一聲不吭地跑到橋下，把鞋子撿了回來。張良走近老人，正要把鞋子遞過去，不料老人毫不客氣地說：「小子哎，給我把鞋穿上！」話音未落，一隻腳已經抬起，伸到了張良跟前。

張良有些慍怒，再看看眼前的老人，白眉白鬚，神清氣定。他壓抑住怒火，屈身幫老人把鞋穿上。穿上鞋的老人，用腳跺了跺橋面，拄著枴杖，頭也不回地徑直往前走了。

「世上竟有這樣理直氣壯的老者？」張良望著他漸漸走遠的背影，自嘲地笑了笑。

張良正欲離開，聽到身後老人喊道：「小子哎！你過來！」

張良心裏納悶，朝老人走去，不知他又要幹什麼。老人依然神情嚴肅，說：「孺子可教。五天後的天亮之時，來此見我。」

張良雖然覺得奇怪，還是恭敬地答道：「是。」

二

太陽升起落下，第五天清晨，張良早早起床，來到橋頭。

遠遠地，他看見老人早就到了，站在橋頭的晨曦裏。

他正想叩拜致歉，老人生氣地說：「與老人相約，為什麼遲來？」他轉身就走，並說：「五天之後早點來。」

又過了五天，雞鳴時分，張良就趕到了橋頭。只是，老人又比他先到等在那裏。老人再次生氣地說：「為什麼又晚來？」轉身離去，說：「五天後再早點來。」

這幾日，時間過得特別緩慢，張良感覺老人不簡單，卻又猜不透用意。到了第四天晚上，張良在床上翻來覆去，怎麼也睡不著。他索性動身前往橋頭，心想這次一定要趕在老人之前。

月下的橋頭，靜寂無聲。一切都像剛剛沉睡，只有流水醒著。他等了一會兒，看到一個人影向橋頭緩步而來。月光追著人影，他看清了，正是那位仙風道骨的老人。

老人見到張良畢恭畢敬地候在橋頭，高興地說：「正當如此。有心之人，才可成大事。」

老人把手伸進懷中，取出一編竹簡，說：「世事難料，十年後天下將有大變。你好好研習，讀通透了，將來可以做帝王之師。」

張良趕忙叩謝：「謝仙師賜書，敢問尊姓大名？」

老人回答：「來去無名，你若要記，就記著我是黃石公吧。」說完就轉身離去。

「何時還能再見？」張良急切地衝著老人的背影追問道。

「十三年後，濟北的穀城山下，那塊黃色的石頭就是我。」

三

回到住處，藉著燈光，張良小心翼翼地展開書卷，原來是《太公兵法》。姜太公輔佐周文王，「天下三分，其二歸周者，太公之謀計居多。」這些謀計，是用兵的權謀計策，也是「君人南面之術」。所以後世論用兵以及為政的權術，都推崇太公。張良捧著這編《太公兵法》，他難以抑制內心的興奮，差點驚叫出聲。

之後的日子裏，早起晚睡，張良反覆研讀這部兵書。偶爾讀累了，他就信步走到城外，希望能再遇見白髮老人，可哪裏還有他的蹤跡。

穿過街市，他站在人流之中，看著人們來來往往。他發現陌生的面孔、衣衫襤褸的人們愈來愈多，他們的表情各式各樣——哀愁、悲傷、驚恐、絕望。從他們的交談中可知，災荒、徭役、逃亡、兵匪……把他們趕到了下邳。

張良意識到——天下局勢變了。

在下邳的十年中，張良從一個只知道復仇的血性漢子，變成了一個奇謀平定天下的奇士，不過十年的學習修養是可以改變一個人的。老人的用意不在書，而在警示張良要能「忍」。因為那個時候秦太強盛，正「以刀鋸鼎鑊待天下之士」，那些老老實實什麼也沒幹的人被夷滅九族的，尚且數不勝數。在這個時候，有大勇者，必須能忍，這才是「天下有大勇者」。

一天，張良正沉迷於《太公兵法》，一位行色匆匆的大漢敲開家門。大漢嘴唇乾裂，臉色疲憊，一看就是在外奔波了多日。他此來是為了討碗水喝。張良趕緊把他讓進屋中，悉心招待。

一番交談後，張良得知大漢也是一個復仇者。他殺了仇人，為躲避追捕逃離了家鄉。讓人意外的是，他竟然是楚國名將項燕的兒子項伯。

項燕的事跡廣為傳誦。秦始皇二十三年（前二二四年），秦將王翦率大軍伐楚，項燕苦戰兩年，最後兵敗自殺，楚國隨即滅亡。張良對這位未曾謀面的項將軍深懷敬意。若六國多幾位項將軍，秦始皇又怎能這麼快滅六國！

兩人相見恨晚，甚為歡喜。項伯想不到會在這裏遇見博浪沙刺秦的張良，張良想不到自己痛惜失敗的謀刺，也為眼前的這位名將之後所知曉。他幫助項伯在下邳隱藏起來，躲過了官府的追蹤。二人從此也成為生死至交。

四

秦始皇三十七年（前二一〇年年），始皇帝死於出巡途中。立長子扶蘇繼承皇位的遺詔還未送出，丞相李斯、中車府令趙高結黨竄改了遺詔，幼子胡亥被立為新君。

李斯害怕消息走漏導致天下大亂，祕不發喪，車馬日夜兼程趕回咸陽。當時正值夏天，棺車上的屍體已經腐臭，為避人耳目，在車上放了幾十斤鹹魚以掩蓋臭味。待在下邳的張良，過了些時日才聽到這個消息，他沒想到，這個暴君以這種方式結束了他的帝王生涯。

秦二世胡亥當上皇帝後，被趙高唆使著大開殺戒，大臣、手足兄弟都相繼被處死。曾被倚重的將領蒙恬、蒙毅兄弟也被逼自殺。不久，趙高誣陷李斯父子謀反，李斯被斬。秦朝的暴政、賦稅和徭役，愈來愈繁重，百姓生不如死。面對百姓的反抗，秦二世卻以比秦始皇更為殘忍的手段來壓制。沒過多久，陳勝揭竿起義了。

授書

起事

一

月華如水，下邳城內一片寂靜。

項伯從外面急匆匆地進來說：「子房，你聽說了嗎？陳勝帶頭起義啦！」

張良做了一個噓聲的手勢，看了看門外，示意項伯坐下來說。

白天，張良就聽到了街市上人們的議論。一支九百人的戍卒們，在去漁陽（今北京密雲）的路上遇到了連日大雨，被阻隔在大澤鄉（今屬安徽宿州）。作為屯長的陳勝、吳廣，商議的結果是：如若逃跑，被抓回來是死，舉旗反秦也是死，同樣是死，不如為天下而死，於是起而反之。

他們拉開了反秦的序幕。他們的起義，給飽受暴政壓迫的民眾引燃了希望。

項伯說：「賢弟你還坐得住，不出多久，各地民眾都會響應，不如你也舉旗反秦吧。」

張良沉默不語，項伯猜不透他的心思，問：「你熟讀《太公兵法》，不正好派上用場嗎？」

「兄所言極是，大丈夫應該有所作為。」張良覺得項伯說中了他的心思，既然時機到了，就不要再遲疑了。「項兄有遠見，我明天就開始招募人馬。」

「情勢如此，我也該回鄉看看。就與賢弟別過吧，保重！」項伯說。

張良送別了項伯，然後把平日與自己來往密切的鄰人勇士召喚過來，大家早就對暴秦怨怒於心，聽說要起事，立刻熱血沸騰。幾天時間，就聚集了一百多名青年壯士。

此時，受陳勝起事的影響，各地的反秦起義也如火如荼地蔓延，一些六國舊君主的後裔也趁機反秦，擁兵自主，割據稱王。而讓張良沒想到的是，轟轟烈烈的陳勝、吳廣起事很快的遭到了失敗。

首先是西路軍失敗：大將周文在戲城（今陝西臨潼）抵擋不住秦將章邯率領幾十萬大軍，退出函谷關，又東撤至澠池，孤立無援，終至失敗，周文自殺。假王吳廣，率大軍西進滎陽（今河南滎陽）城下，被部下殺死，部隊在敖倉被章邯擊潰，滎陽失守，全軍覆沒。

周文、吳廣兩支隊伍的失敗，使楚國不僅元氣大傷，也喪失了禦敵的屏障。章邯向陳縣大舉進犯。陳勝率軍迎戰，終因眾寡懸殊，楚軍大敗，（前二〇九年）十二月，陳勝經過下城父，被車夫莊賈刺殺。形勢變得更加複雜。

張良的百來號人，面對龐大的秦軍，是難有作為的。經過半年的轉戰奔波，張良決定先領著下邳的義軍，前去投奔秦嘉。秦嘉原是陳勝的部下，陳勝被殺後，他就在離下邳不遠的留地（今江蘇沛縣），擁立楚王室的後代景駒為楚王，打著楚國的旗幟反秦，四處招兵買馬。

二

張良沒想到在路上竟遇見了劉邦的隊伍。

劉邦正要離開秦嘉，前去薛縣投奔項梁。這位又被喚作劉季的泗上亭長，是沛縣豐邑（今屬江蘇豐縣）人，他當的這個小亭長，不過是一個地方小吏，掌管一亭之內的治安和道路，凡遇大事還得向縣吏呈報。但他為人仗義，結交了不少朋友，在地方上小有名氣。

陳勝起事，各地響應，劉邦也率眾反秦。他在沛縣小吏蕭何、曹參的裏應外合之下，殺了沛縣縣令，聚齊了兩三千人，佔領了沛縣。

劉邦率軍剛剛走出沛縣不遠，就看到從南面來了一支隊伍，個個年輕體壯。為首的是一個儒雅溫文的中年人，沛公心中不禁驚異，交談中知曉此人姓張，名良，字子房，十年前因避禍逃遁到下邳。自「張楚」振興，天下響應，他也聚集了下邳的少年百餘人。

沛公大驚：「足下莫不是博浪沙刺殺始皇的那位義士張良？」

張良莞爾一笑：「不敢。鄙人確是那個張良。」

劉邦萬萬沒有想到，一手製造了震動天下的博浪沙狙擊秦始皇案的人，誰都以為其相貌必定是魁梧奇偉，卻誰知眼前的這位竟是如此的嫵媚娟秀如同美婦人！劉邦心中不禁驚異。

「沛公是從秦嘉將軍那裏離開的？」張良想要探個究竟。起事之後，劉邦被人們以「沛公」相稱。

「秦嘉不可信，子房千萬莫去投靠。」劉邦源源本本講述了他的遭遇——他起兵後，帶著隊伍從豐邑出發，沒有攻下多少地盤，反倒把根據地給丟了。

「雍齒是個見風使舵的個性，當初歸附就藏了私心，與我說定共同舉義，讓他留守豐邑，結果又叛投了魏王咎，在魏王那裏封侯加爵。」劉邦說。

「那沛公去攻打他了嗎？」

「打了，卻沒攻下。我實在難以嚥下這口氣，就去找秦嘉援助。但他只關心自己擴大地盤，聽到要派兵，就找了『秦軍來犯，不敢輕易動兵』的藉口，遲遲不出手。」

「有難不幫，恥於為交。」張良說。

「好在也看清一個人的本性。陳勝率先反秦稱王，被殺之後，秦嘉擁立景駒為楚王，其實一心要建立自己的勢力。」劉邦輕歎一聲。「所以我這才離開，打算投奔項梁將軍。」劉邦說。

「是幾個月前會稽起兵的項梁將軍？」張良問。

「正是。項將軍帶著侄子項羽，取了會稽太守殷通的首級，集合八千精兵渡江北上，討伐暴秦，復興楚國，義軍壯大到了六七萬人。」

劉邦的一席話，讓張良徹底打消了去投奔秦嘉的念頭。他像是洞悉了張良的心思，誠懇地說：「子房何不與我一道去投奔項將軍？」

張良頷首欣然同意。

三

留在劉邦隊伍中的張良，被任命為廄將，負責軍馬事宜。張良好幾次向沛公講說《太公兵法》，聽得劉邦驚異不已。許多長期以來無法解答的問題，今天被這位韓國人鞭辟入裏地分析透了，張良也覺得遇上了知音。他曾多次向其他將領們提供建議，出謀劃策，然而那些人卻沒有一個能領略理解，惟獨沛公，能夠一點他就通透，而且有自己的見解。張良感嘆道：「沛公真是天縱奇才！」決心不再他往，從此張良就一直跟隨劉邦。

陳勝被殺後，各地義軍分散作戰，力量被削弱，項梁深感反秦之路艱難，便發起號召，召集各義軍將領會聚薛縣商討對策。

出身將門的項梁起事後，帶領隊伍打了不少勝仗，在江淮一帶影響很大。年近七旬的范增此前一直隱居鄉野，好謀略，出山之後選擇投奔項梁。他分析陳勝失敗的原因，是不立楚王後代而自立為王，以至於失去民心的結果。因為秦滅六國之後，天下人皆以為楚最無辜，所謂「楚雖三戶，亡秦必楚」。

民心所向，項梁也應順從民意，立楚王後裔以團結最大多數的反秦力量。項梁聽從他的建議，找到楚懷王的孫子芈心，立他為楚王，仍舊稱他為楚懷王。

范增告訴他：「楚國人民一天不忘亡國之恨，就會擁護楚懷王，也就會擁護你項將軍，那入關中滅秦復國就指日可待了。」

此時張良已隨劉邦來到薛縣，他向項梁獻策說：「反秦需要各國聯手，您已經立了楚國的後裔，但韓國至今未復，我聽說韓國王族的後裔中，橫陽君韓成賢能，若立他為韓王，韓國百姓必然響應。」

項梁便派張良去找韓成，立韓成為韓王，封張良為韓國司徒。

張良找到韓成後，與韓王一起帶著項梁撥的一千多人，向西攻取韓國故地。他終於開啟了復韓大業，告別了項梁。只是他沒想到，與項梁將軍的這一別卻成了永別。

薛縣會盟之後，項梁的勢力不斷壯大，加上他每每臨戰，都要廣納良策，不久就取得了東阿、濮陽之戰的勝利。秦軍受挫，楚軍士氣大振。

項梁派出的西征隊伍，在項羽、劉邦的帶領下，攻打雍丘。因為這個時候，秦朝宰相李斯之子、秦政府三川郡（治所在今洛陽）郡守李由正據在這小小縣城裏。他和別的秦地方官吏一樣，被趕來趕去，流亡至此地。四處奔走，誰都能想像出他的狼狽處境。

算不算天不遂人願呢？聽到楚國大軍轉來進攻雍丘，李由率領郡中殘部，剛剛衝出雍丘縣城門，就遇上了項羽和劉邦的聯軍。當頭一員大將策馬挺劍直衝過來，這正是沛公部下大將曹參。這樣一員戰將，李由哪裏是他的對手？只幾個回合，就被他一槊捅下馬來，結果了性命。

可憐一代名相之子，就這樣在內外夾攻之下，一命嗚呼了。

但是，就在這個時候，起義軍遭受了致命的重創。原來東阿城下大破秦軍，緊接著，項梁又率領大軍，直搗定陶，再獲全勝。前方又傳來了項羽、劉邦攻克雍丘、斬殺三川郡守李由的捷報。一連串的輝煌戰績，使項梁不禁有些飄飄然起來，沉溺在短暫的光環中。

認為章邯徒有虛名，不過爾爾，秦軍強弩之末，不堪一擊。項梁的飄飄然，導致了整個楚軍的輕敵驕傲，紀律鬆懈，戰備弛慢。

就在這時，章邯突然發動了全線進攻。楚軍倉促迎戰，被秦軍猛擊，霎時間落花流水，潰不成軍，項梁竟在亂軍之中命赴黃泉！

秦二世二年（前二〇八年），項梁在定陶遭遇秦將章邯，秦軍人馬眾多，章邯乘楚軍不備，夜襲定陶，大破楚軍，項梁被殺。

破關

一

楚軍定陶失利，項梁陣亡的消息傳來，項羽聞聽，頓時放聲大哭，劉邦也是淚下沾襟，掩面而泣，將營內外，一時哭聲震天。項羽和劉邦停下了西征的步伐。

項羽悲痛之餘，認為攻下定陶是最直接的報仇方式。叔父最賞識的謀士范增，像是讀懂了他的心思，極力勸阻他不能魯莽衝動：「項公三思而行！」

劉邦也在一旁勸慰：「我也想馬上去為項將軍報仇，但軍心不穩，不宜強攻，還是再作打算為好。」

項羽冷靜下來，叔父曾經的教誨言猶在耳，羽翼未豐的他做了妥協，率軍返回了大本營彭城（今江蘇徐州）。

這時，楚懷王也心急匆匆地趕到彭城。他將項羽、呂臣的軍隊合併歸自己統領，並封劉邦為武安侯，任碭（今河南夏邑）郡守，駐紮碭縣。

秦將章邯以為項梁已死，楚軍餘部不足為慮，轉而向北攻打趙國，張耳、陳餘慌忙擁著趙王逃往鉅鹿（今河北平鄉）固守。章邯派秦將王離、涉間率軍團團包圍鉅鹿，自己則帶兵駐紮在鉅鹿城南面的棘原。

這恰好給了回撤的楚軍休養之機。困在鉅鹿的趙王向楚懷王求救，楚懷王與諸將商議，決定以楚軍主力北上救趙，同時趁秦軍主力在關中空虛之機，派另一支義軍進軍關中，直搗秦都咸陽。

這個時候，秦軍非常強大；而楚軍自項梁被章邯打敗陣亡之後，軍力大為削弱，士氣很低落，常常被秦軍追得狼狽逃竄，眾將提起秦軍，談虎變色。

楚懷王在遍召眾將商議攻秦對策時，看到眾將的猶豫不決，於是斷然提出了許諾：「先入定關中者為王！」話音落地，卻突然一片寂然——儘管懷王做了這麼具有誘惑力的許諾，但是困難太大了，大家一時還猶豫不決，不敢出頭應承。

這時候，沛公劉邦站了出來：「末將願往！」一言既出，滿座皆驚。

就在大家還沒有回過神的時候，又有一個粗礪的聲音響了起來：「我也願往！」眾將一看，這人卻是項羽。

楚懷王沉吟良久，未做答覆。遣散眾人之後，他留下宋義等老臣老將商議：「項羽、劉季，我們派遣哪一位最好呢？」

老將們異口同聲：「項羽不行！剽悍驕橫，絕不可委以這般重任！」「項羽性情太過於凶殘！所過之處，無不殘暴殲滅。這樣殘暴，怎能將重擔交給他？」

「楚國數次輕率西進，像陳勝、項梁這般聲勢浩大，都歸於失敗，實在應該認真吸取教訓，再不能單純依賴武力去冒險了。」

「秦地父老百姓，被殘酷統治蹂躪得太久了，今天我們不如派遣一位義師長者，以仁義為號召，向西行發，沿途約束軍紀，並隨時告諭秦地父老。非至萬不得已，不加誅戮。果能如此，秦地就有可能簞食相迎，望風而降。」

「沛公最是位忠厚長者，定能勝此重任。」

楚懷王聞言大喜。於是拒絕了項羽的請求，派他率大軍北去救趙，而派沛公向西奪取土地。

一心想復仇的項羽想領兵進入關中，但他之前暴虐濫殺的屠城之舉被認為有失民心，不宜派去關中。因為關中父老飽受暴秦之苦，西征軍只有不殘害百姓，才能順利進入。他們認為沛公是寬厚長者，是合適的人選。楚懷王於是以宋義為上將，項羽為次將，范增為末將，領兵救趙，派劉邦西征關中。他還宣佈一條約定：「先入關者封為關中王。」

二

向西去直接攻擊秦王朝的根據地，首先要解決的問題就是兵力必須擴大。劉邦從起事以來所統轄的部隊，沛縣子弟兵三千，接受碭邑武裝部隊六千，收豐邑時向項梁借兵五千，仗打完了得還；雖然攻克了城陽、雍丘，打敗了秦軍，但他是項羽的屬下，也輪不到他擴充實力。此時他的部隊，即使一個未曾傷亡，撐死了也就是萬把人。這支萬把人的隊伍，要一直向西進攻，直搗咸陽，確實無異於以卵擊石。

那就想辦法擴大。劉邦設法使懷王下旨，讓他收集楚軍散部。原楚王陳勝、武信君項梁都曾統率過十來萬的大軍，被章邯擊敗以後，有很大一部份流散在各地，有的自己樹幟起義，也有的當了強盜。沛公西進之前，先就收集了這些散兵游勇，大大擴充了自己的力量。

劉邦由碭縣率軍北上的征途並沒遇到什麼阻礙。不久，劉邦攻佔了潁川（今河南禹縣），張良與韓王成一起趕來相會。

張良跟隨韓王攻城略地，雖然收復了十餘座故韓國城池，但終不敵秦軍的強大攻勢，又全被秦軍一一收回了，所以他們一直在潁川一帶打游擊，兵力不充足，無法有自己的根據地，張良見劉邦進軍順利，又要西向破秦，便想前來投奔。

此時沛公攻克陳留，出入轉戰，張良趕來助戰。有了張良的鼎力協助，沛公軍大獲全勝。楊熊狼狽退敗，一直向西，逃到了滎陽。滎陽是軍事重地，是西進關中的要衝，決不能有半點閃失！秦二世不能允許敗逃之將潰敗之師敗壞大秦帝國的形象，影響秦軍的士氣，於是立刻派使者到滎陽降旨，立誅楊熊，巡迴示眾！

劉邦西進的同時，項羽領兵與圍趙的秦軍對峙。因宋義不同意與秦軍正面交戰，項羽殺了宋義，指揮軍隊與秦軍在鉅鹿大戰，殲滅了秦軍主力。

挺進關中是劉邦此時最大的目標。

劉邦這一路西進避實擊虛，迂迴而前。

他原計畫沿黃河西行，從函谷關進關中，不料在洛陽遇阻。張良建議他向南出轘關（今河南偃師東南），經武關（今陝西丹鳳）以入關中。劉邦便將韓王成留守陽翟（今河南禹州），自己與張良繼續南下。

秦二世三年六月，劉邦在犨（今河南魯山）東大敗秦南陽郡守呂齮，呂齮退守宛城（今河南南陽）。

劉邦急於入關，恐怕宛城久攻不下，延宕時機，打算從宛城西邊繞道而行。

張良一直在沉思，行約數里，他毅然叩住馬，對沛公說：「沛公，我看咱們繞過宛城恐怕不行。不攻下宛城，那麼我們往前進的每一步，都隱藏著後患：強秦在前面打擊我，宛城的守軍從背後攻擊我，敵人前後夾擊，我們進退失據，這實在是很危險的。」

劉邦立即明白了張良提醒的關鍵所在，旋即改變主意，又回軍把宛城團團圍住了。

城外聲浪四起，城裏人心渙散。南陽郡守見楚軍西去，以為大禍已去，驚魂甫定，還未及安眠，忽聽城外炮聲震天，忙登城俯視，見宛城已然被團團包圍起來，環軍如蟻，數不勝數，當頭一面大旗「沛」，原來楚國沛公軍又回轉來！小小一座宛城，哪禁得住近十萬大軍的重壓！況且自己又是沛公的手下敗將，決無力量還擊。呂郡守左思右想，只有死路一條。於是他拔出劍來準備自刎。其隨從陳恢勸阻，表示願出城見劉邦解除危局。

陳恢對劉邦說：「我聽說楚王和足下有約在先：先入關攻佔咸陽者為王。現在足下留在這裏攻城，要知道宛城是個大郡的都城，連城數十，百姓眾多，糧食儲備十分充足，城內軍民都認為投降必死，所以萬眾一心，都要登城死守。足下倘阻停在這裏，士兵傷亡必定很多；倘解圍離去，宛城守軍又必定會尾隨追擊。如此，則足下前會失去先入咸陽的機會，後又有遭受強大宛軍襲擊的危險。您想一想，這是不是太不值了？」

劉邦聞言，心中一震。陳恢覷見沛公神色，知道自己已經打動了沛公的心，於是他繼續往下說：「我為您著想，倒不如明約招降，封南陽郡守為侯，仍讓他留守南陽，而您就可以率領宛城的軍隊繼續西進。這樣對雙方都有好處，何樂而不為呢？況且，這樣一來，又為那些沒有降服的地方樹立了榜樣，他們聽到您不但不殺南陽郡守，還封他為侯的消息，一定會爭先恐後地打開城門迎接足下。那麼您西進就可以暢行無阻了。」

劉邦覺得有道理，痛快地答應道：「好！就照你說的辦！」接受呂齮投降並馬上封他為殷侯，仍留守南陽；因陳恢有功，封他為千戶，隨殷侯留守。旋即沛公招集宛城人馬，引以俱西。

果然，沿途城邑，無不聞風迎降。以後是經丹水（今河南淅川），出胡陽（今河南唐河），下析（今河南西峽）、酈（今河南南陽）一路勢如破竹。隊伍愈走愈大，又一路嚴申軍紀，影響也愈來愈大，真的勢如破竹，所向無敵。八月，劉邦攻入武關，關中南部的門戶被打開了。

三

此時，項羽在鉅鹿之戰後，又進攻殷墟（今河南安陽），收降了二十萬秦軍，封降將章邯為雍王。至此，秦王朝主力軍隊空虛，劉邦又逼近關中，王朝內部發生了變亂。趙高先是殺了秦二世，後派人向劉邦求和，提出「分王關中」，想以此來緩解起義軍的攻勢，以圖東山再起。

劉邦毫不猶豫地拒絕了趙高，繼續進軍，直指咸陽。

九月，趙高新立的秦王子嬰不甘做傀儡，施計殺了趙高，並派兵增援嶢關（今陝西藍田），意圖阻擋劉邦。

嶢關在武關以西，是河南南陽一帶通往關中的必經要道，也是護衛咸陽的最後一道關隘。劉邦打算用兵兩萬強攻，張良卻站在了反對的一邊。他說：「我不贊成正面強攻，非為不攻。」

張良看到沛公的部署，知道沛公真沒有把眼前的這些秦軍放在眼裏，但是張良可知道哀兵必勝的道理，他也深知秦軍的實力，他更了解沛公軍的實際軍事力量。

於是勸阻沛公說：「秦軍目前的力量實際還很強大，嶢關險要，我們萬萬不可輕敵！我聽說嶢關守將是一屠夫之子，作買賣的小子們最貪利，容易被財寶打動。我看咱們不如雙管齊下：您呢留在軍營中，一面派人作先行，準備五萬人的糧食，並且在附近的各個山頭多多懸掛楚軍的旗幟，以此作為疑兵來迷惑、威懾秦守將；一面，您再派酈食其多多帶些金銀財寶，去遊說嶢關守將，許諾重利來收買他們。這樣，不傷卒損將，即可攻克關。」

劉邦以為有理。命令傳下去，沒過多久，山上遍插旌旗，士卒輪流吶喊作勢要強攻。同時，劉邦派出說客酈食其攜重金前去招降。守將提心吊膽，心知秦王朝的滅亡只是時間問題，劉邦來勢兇猛，一路攻城略地，頑抗絕不是長久之計。見到說客，守將一個「不」字都沒說，不僅答應了講和，還承諾要與劉邦聯手西襲咸陽。

消息傳回來，劉邦沒想到嶢關如此輕易地拿下了。他正打算應允，不料張良在一旁說：「沛公是打算答應了嗎？」

「這只是嶢關守將自己的打算，他獨自一人想叛變，又怕部下反對，才有這種反應。我們如果驟然與他們聯合，共同西進，就怕萬一他的部下發生變亂，偷襲我們，那可就麻煩了！不如現在趁著秦守軍上下猜忌，守將兀自高興之時，正可以利用他的懈怠對他們發動攻擊。」

沛公一聽，「言之有理，言之有理！」馬上命部將周勃帶領大軍，繞過嶢關，翻越蕢山（在陝西藍田東南），從背後對秦軍發動突然襲擊。

且說嶢關秦將正以為酈陸二生去後，楚軍必來續約，戒備鬆懈，專心等待。這時，猛聽得殺聲四起，即有許多敵兵，從營後湧殺出來。秦軍將領、軍士茫然不知所以，被楚軍突然奇襲殺來。刀光閃處，人頭落地。秦軍立刻潰敗，四散而逃。周勃率軍趁勢追擊，斬殺敵軍，頃刻踏平秦軍營壘。

劉邦仔細琢磨，不由得敬佩張良心思細膩，顧慮周全。他親自帶領人馬悄悄繞過嶢關，翻越蕢山，從後面包抄守關主力，最終在咸陽附近的藍田大敗秦軍。

嶢關攻下，咸陽的最後一道屏障被打開了。

鴻門

一

山南水北是為陽。

秦都咸陽坐落於九嵕山之南、渭水之北，取「皆為陽」之意。

秦孝公十二年（前三五〇年），秦孝公將國都遷至這裏，咸陽漸漸開始繁華。到了秦始皇統一六國，每征服一國就要在咸陽仿造一座相同的宮殿，並遷來天下富豪十二萬戶於此，有錢人家最怕盜賊危害自己的身家安全，因此會重金聘請壯士來捍衛家院，廣大的富豪聚集無異於增加了咸陽成的守衛能力，秦帝國也因此更能鞏固首都，而因此咸陽城的繁華可想而知。

劉邦還是多年前服傜役時到過咸陽。那時他見秦始皇那般威風，不由感歎：「大丈夫應當如此！」一時過境遷，嶢關告捷，劉邦率領大軍從藍田向咸陽挺進，到了灞上（今陝西西安）。秦王子嬰見大勢已去，決定投降。

子嬰垂頭喪氣地走出宮殿，頸項上綁著繩索，手捧傳國的玉璽、符節，素車白馬，出城向劉邦投降。

至此，傳國十五年的秦朝滅亡了。

二

人都是有缺點的，劉邦也不例外。喜飲酒好女色，在他還只是小小的亭長時，就已人盡皆知他這些毛病。

走進富麗堂皇的秦宮，看見美豔如花的宮女，劉邦心旌搖蕩，喜不自禁，就想在宮中住下來。

大將樊噲是劉邦的連襟，當然知道他的缺點。他對劉邦說：「您是想得到天下呢還是想當富翁？秦朝之所以滅亡，就是因為國君貪圖這些奢華之物。您還是趕快還軍灞上，不要留在宮中。」可是劉邦卻無動於衷。

他既生氣，又無奈，只好找到張良訴苦：「大業未成，沛公卻如此沉迷享樂，先生快想想辦法吧。」

張良搖了搖頭，又點點頭。

「先生到底去還是不去？」樊噲對張良的搖頭點頭甚為不解。

「將軍不用擔憂，沛公心懷天下，他會迷途知返的。」張良微微一笑，轉身朝後宮走去。

他找到流連忘返的劉邦，問道：「沛公當初起兵不過百人，直到今天的幾萬人馬，又率先佔領秦都咸陽，可知道這靠的是什麼？」

劉邦臉色驟變，忍著不悅，輕聲地說：「子房請說來聽聽。」

張良一字一頓地吐出兩個字：「暴秦！」

劉邦愕然。

張良接著說道：「正因為秦朝無道，您才能來到這裏。要為天下掃除殘賊，就應該力求儉樸。現在剛剛攻入關中，您就貪圖享樂，樂而忘返，這就是人們所說的助紂為虐。況且，忠言逆耳利於行，良藥苦口利於病，您應該聽樊將軍的，立即還軍灞上。」

劉邦幡然醒悟，大步向外走去，扯開嗓子衝著宿守的士兵說：「立刻傳令下去，封閉府庫宮室，大軍回守灞上！」

離開之前，沉迷享樂險鑄大錯的劉邦為了安撫民心，召集咸陽及附近各縣的父老和豪傑之士，告訴大家：「父老們遭受秦朝嚴苛的法令太久了，我和楚懷王有個約定，誰先進入關中，誰就當關中王。按照約定，我應當是關中王。我現在也和父老們約法三章：殺人者死；傷人和盜竊的，承擔相應的罪責。廢除一切嚴峻的秦法，諸位的財產田宅如故。我這次來關中，是要為父老們除害，不敢有絲毫侵暴，不要害怕！而且我之所以要還軍灞上，就是要等諸侯來了一起商量天下大計。」

關中父老百姓無不歡欣鼓舞，敲鑼打鼓，紛紛給劉邦的將士送來牛羊酒食。劉邦聽說後暗自得意，卻命人告知：「軍中不缺糧食，不願民眾破費。」關中百姓見劉邦如此謙讓愛民，更是歡喜，唯恐會出什麼差錯，讓劉邦當不成關中王。

劉邦見民眾如此擁護，喜形於色，便安心回軍灞上。這時，一個謀士向劉邦進言：「秦地富有，又有地勢之便。如今聽說章邯投降了項羽，項羽封他為雍王，封地關中。

如今他們要來，沛公恐怕保不住關中。可立即派兵守住函谷關，諸侯軍隊進不來，關中就奪不走，還是沛公的。」

劉邦左思右想，關中王的誘惑實在太大了。他沒有再去徵求其他人的意見。

三

聽說劉邦已平定關中，派兵嚴密把守函谷關，項羽火冒三丈。他派出英布等攻破函谷關，帶著軍隊一路西進。劉邦的部下左司馬曹無傷聽說項羽大怒之下要攻打劉邦，就偷偷派人來密告：「劉邦要做關中王，讓子嬰當丞相，將珍寶財物佔為己有。」想以此求得封賞。

一心想輔助項羽爭天下的范增，也在一旁說：「劉邦還是沛縣小吏時，貪財好色，入關之後，與民約法三章，可見他的用意不僅僅在那些小枝節的地方，而是有更大的圖謀。將來必是要與大王爭奪天下的，不趕緊除掉他，後患無窮啊。」

項羽一聽，更是火上澆油怒火中燒，下令犒勞士卒，第二天發兵攻打劉邦。當時項羽有四十萬軍隊，號稱百萬，駐在新豐鴻門（今陝西臨潼）；劉邦有十萬軍隊，號稱二十萬，駐在灞上。

項羽做出攻打灞上的決定後，驚動了一個人，此人就是項羽的叔父項伯。當年他與張良在下邳分別後，投身於項梁、項羽軍中，他一直感念張良的義舉，為了報答當年的救命之恩，決定向張良通風報信。

夜色深沉，楚軍將士為了明日的激戰，都已沉入睡夢中。項伯偷偷出營，趕去見張良一面。

劉邦的軍帳裏，一片安靜，絲毫不知明日將有一場惡戰來臨。

項伯找到張良，對他說：「事情十萬火急，賢弟快點離開這裏吧。」他將項羽的作戰決定和范增的主張和盤托出。

深夜冒死相救，張良心中感激不盡，但他略加思索，說：「我奉韓王之命送沛公入關。現在沛公遇到危險，我若自己私逃，實為不忠不義。待我與沛公說明此事，再作打算不遲。」

項伯說：「我理解賢弟心情，快做決定吧！」

張良讓他在帳營內休息，轉身就急忙地進了劉邦的軍帳。

「沛公，項羽明天要進軍灞上了。」

「子房是怎麼知道的呢？」劉邦驚慌失措地站起來。

「楚左尹項伯從鴻門趕來，特意告知此事，叮囑我逃走活命。」

「這可如何是好，子房有好對策嗎？」

「沛公是真心要對抗項羽嗎？您估計您的士卒能抵擋得住項羽的大軍嗎？」

「唉，我害怕關中之地落入他人之手，才聽從腐儒的建議派人去守住關口，把諸侯軍拒之關外。現在哪有勝算可言，眼下這般情況有什麼辦法呢？」劉邦又氣又急。

「目前無路可退了，此事請沛公親自向項伯說明原委，說您毫無背叛之心。」

劉邦聽說張良過去與項伯有交情，想想火燒眉毛了，唯有依張良的建議去試一試了。他說：「快去請項伯進來，他是子房的兄長，我也要以兄長之禮來待他。」

項伯卻不過情面，只得進來見劉邦。帳內已擺好酒食，劉邦熱情相迎，邀其上坐，舉杯敬酒，敘說家常。席間，劉邦提出與項伯結為兒女親家，項伯推辭，張良說：「項劉兩家情同兄弟，當初相約伐秦，今皆入關中，聯姻也是一樁美事。」項伯見劉邦情真意切，又有張良願做月老撮合，就答應了結親一事。

這時，劉邦話題一轉，言辭懇切地說：「伯兄重情重義，深夜來訪，我和子房不勝感激。請轉告項將軍，我入關後，清查了人口，封存了府庫，秋毫無犯；降王子嬰也沒有發落，專為迎候項將軍處置。我派兵守關，只是因暴秦新亡，為防備山林寇盜或其他諸侯軍竄入，並非是阻擋項將軍。我日夜盼著項將軍來，不知反叛之說從何說起。我想此中必有誤會，請伯兄向項將軍說明我絕無貳心。」

項伯應允：「我回去即向項王說明原委，但明早沛公一定要親自來致歉，千萬不能忘記。」

劉邦喜出望外，當即答應一清早就去楚營。

項伯回營已是半夜三更，見到項羽軍帳內亮著燈，就徑直走了進去。他開門見山地說自己剛從劉邦軍營回來，又將與張良過往的交情講述一番。

接著又說：「這次也見到劉邦，他讓我轉告大王，他入關後府庫宮室一律封存，降王子嬰也沒發落，就是為了等待大王入關，再商討處置事宜。劉邦派兵守關，只是為了防範流寇，不是阻擋大王。」

「劉邦果真沒有貳心？」項羽鼻子裏哼了一聲。

「他明早要親自來向大王說明，賠禮道歉，化解誤會。」項伯說。

見項羽沉默，項伯又說：「如果不是劉邦打前陣，攻破秦關，立下大功，您哪敢輕易入關呢？您不但不賞，反而要攻打人家，豈不是不義之舉，讓人恥笑？」

項羽略一沉吟，說：「容我再想想，等明天他來了再說吧。他若並無貳心，我必會善待。」

四

天亮了，楚軍將士整裝待發，這時巡營士兵傳報：「沛公前來拜見項王！」

劉邦帶著張良、樊噲、夏侯嬰和百餘騎兵來到軍營，只見夾道兩旁士兵全副武裝，肅然而立。劉邦讓樊噲、夏侯嬰等候在軍門外，自己與張良一同進了軍帳。

二人與項羽見過禮，只見項羽端坐高位，擺出一副盛氣凌人的樣子。他冷笑一聲：「沛公收下亡秦子嬰的玉璽，派重兵守關，做了關中之王，我還準備前去恭賀呢。」

劉邦趕緊賠罪，說：「將軍定是聽了小人挑撥。我們齊心協力攻秦，您征戰黃河以北，我轉戰黃河以南，沒想到我先入關破秦，與您在這裏重逢。我入關之後，念秦法嚴酷，才與民約法三章，封閉府庫宮室，等候將軍來一同處置，而派兵守關是怕有盜賊之徒作亂，再者也擔心其他諸侯來搶了功勞。將軍胸懷博大，深明大義，我此次特地前來表明心跡，以消解我們之間的誤會。」

項羽聽了這番解釋瞬間卸下心防，說：「沛公不要多心，這些都是你那左司馬曹無傷說的。不然，我何至如此？既是誤會，就都不要放在心上。」他吩咐擺好酒宴，要與沛公把酒言歡。

張良知道，氣氛暫時緩和，但危機並沒有真正解除。從進入軍帳，他就看出亞父范增的眼神充滿著敵意。

酒宴開始之際，軍帳內氣氛依然沉悶。項羽和項伯為主人，東向而坐，亞父范增南向，劉邦北向，張良西向。主賓落坐，舉杯飲酒，范增按捺不住，幾次舉起身上的玉玦，使眼色示意項羽下令殺了劉邦，可項羽默然置之。

范增心有怨怒而不敢言，他中途離席，命人叫來項莊，對他說道：「項王心慈手軟，怕背負不義的罪名。你進帳假裝舉酒祝壽，請求在酒宴上舞劍，再藉機將劉邦刺死。不然，我們將來都要做他的俘虜。」

項莊領命，進帳向劉邦敬過酒，轉身向項羽稟告：「項王宴請沛公，請准下將舞劍以助酒興。」

項羽應允了。

項莊起身拔劍，張良朝項伯使了個眼色。項伯看出了項莊的意圖，跟著請求與之合舞。項莊身姿敏捷，出劍凌厲，一招一式，都指向劉邦。幸好有劍藝高超的項伯一一從中化解，還用身體蔽護劉邦，才讓項莊始終沒找到下手的機會。

軍帳內，刀光劍影，驚心動魄。張良急得不行，找了個藉口疾步走出軍帳，找到樊噲。

樊噲見到張良出來，趕緊上前問：「裏面什麼情形？」

張良說：「情況危急，項莊舞劍，用意在刺殺沛公。」

「這麼緊迫，我進去和他們拚了，我與沛公要同生共死。」

樊噲右手握劍，左手持盾，徑直朝軍帳內闖入。士兵上前阻攔，被力大無比的他撞倒在地。

他大踏步衝進了帳內，西向而立，瞪圓大眼望著項羽，眼眶似乎要迸裂開來，怒髮衝冠。

項羽一驚，本能地握住劍柄，直身欲起，問道：「來者何人？」

張良趕緊替樊噲回答：「這是沛公的護衛樊噲，魯莽之人，不懂禮節，請您原諒。」

項羽素來喜歡威武勇猛之士，說：「既是沛公的護衛，來人，賞他酒！」

左右端來一大杯酒，樊噲向項王跪拜謝恩，然後站起身，一仰頭喝了。

項羽又說：「賜他一隻豬腿吃！」

侍從故意遞給樊噲一隻生豬腿，樊噲毫不猶豫，倒扣盾牌，把生豬腿往上一擺，拔出寶劍切了一大塊，血淋淋的，拿起來就吃，大口大口的，就這樣邊切邊吃，不一會兒就吃完了，抹抹嘴又來謝項王。

項羽誇讚道：「壯士，還能喝酒嗎？」

樊噲大聲說：「臣死都不懼怕，喝酒又有什麼可推辭的。」

項羽顯現出欣賞的眼神。

樊噲接著說道：「秦王暴虐，天下人才起而反之。楚懷王和諸將約定：先破秦入咸陽者為關中王。現在沛公先破秦入咸陽，財物絲毫不敢取，封存宮室府庫，還駐軍灞上，等大王入關後再作打算。之所以派人守函谷關，是為了防備強盜出入及其他非常事變，也防止其他諸侯突進搶功勞。沛公勞苦功高，大王不但不封賞還聽信小人誣蔑之詞，要誅殺有功之人。這是步亡秦之後塵，我個人以為大王做得不對。」

項羽無言以對，只說：「請坐請坐。」樊噲便和張良坐在一起。

坐了一會兒，張良用眼光暗示沛公，沛公會意，遂起身告罪去方便，召了樊噲一同走出帷帳。不一會兒，張良也跟了出來，勸沛公速回灞上，切勿停留！沛公說：「剛才咱們出來，也沒有告辭，不聲不響地就走了，恐怕項王會怪罪。」

樊噲說：「幹大事不必拘泥小節，咱講究大禮就別怕小的責備。現在人家是利刀和砧板，咱們如同魚肉，逃命要緊，還講什麼告辭！」說著，扯了沛公就要走。

這時，項王似乎有所警悟，派都尉陳平召喚沛公趕緊回去。

沛公、張良連忙唯唯稱是，待陳平轉身回去覆命時，張良、樊噲又催沛公趕緊離去。於是沛公跟著樊噲悄悄地溜出了項王軍營，留下張良向項王覆命道歉。沛公把來時的車馬全部丟棄在鴻門軍營轅門外，只單身獨騎一匹馬，樊噲、夏侯嬰、紀信、靳強四人，手提寶劍、盾牌，健步隨行，保護沛公。鴻門與灞上走大道有四十里，可是沛公一行另走他路，從驪山下，抄芷陽小路疾行。走這條小路到灞上沛公軍營只有二十里，沛公讓張良估計時間差不多時，再進去向項王說明。

剛才沛公臨行時，張良問他此次帶了什麼禮物來，沛公說：「我帶了一對白璧，想獻給項王；一雙玉斗，想給亞父。看見他們發怒，沒敢進獻。一會兒您就替我獻上吧。」張良答應了。這會兒張良估計沛公差不多已經回到灞上營地了，這才返回項王大帳。進帳就叩頭謝罪說：「沛公不勝杯盞，無法來當面向您告辭。謹派小臣張良奉上白璧一對，敬獻大王足下，玉斗一雙，敬奉大將軍足下。」

項王問：「沛公到哪裏去了？」

張良回答說：「聽說大王有意責罰他，沛公心中害怕，故而先行躲避，擅自脫身，現在已經回到灞上軍營了。」

項羽的個性向來自傲非凡，這時聽說劉邦懼怕自己到如此地步，心中對劉邦防禦之心全卸除，只覺得這樣一個膽怯的人不足為患。

項羽接過白璧，放在坐席上。范增看著張良手中的玉斗，非常的忿忿，他看也不看張良，接過玉斗猛地扔在地上，拔出劍，狠狠向玉斗擊去，玉斗立時粉碎。范增恨恨道：「不長進的東西！這小子值不得和他共謀大事，奪取你的天下的，必定是劉邦！我們這些人勢必得當他的俘虜了！」

項羽看著、聽著，眼睜睜地，卻又無話可說，他也似乎覺得今天的事情有點不大對頭，可是又想不清楚問題出在哪裏。范增的話他聽著很是刺耳，可是醉眼朦朧的，他想辯駁又已經忘記了該說什麼，於是就自去睡了。

沛公趕回灞上，二話不說，立即誅殺曹無傷。

一場驚心動魄的鴻門宴結束了。

鴻門宴上張良不是項羽的人，也不是劉邦的軍師，張良自己說得很明白，臣為韓王送沛公。可以說是半個局外人，你項羽來打劉邦，項伯要他離開，張良是第三方，不參與你們兩家事，也不算過份，也不是逃兵。因為項羽對張良恩並不小，是項羽幫張良復的韓國。

不過此時，劉邦之前收攏人心的效果突顯出來了。

當年，張良得了黃石老人的《太公兵法》，學成後總想找人說，可沒幾個人聽，但遇到劉邦後，劉邦總是願意聽。其實，就劉邦的文化水準也可以說基本上聽不懂，但劉邦就是這一點好，願意聽。有時，自己搞不懂或不想搞懂的事就讓張良拿主意，張良引為知己。但即使這樣，張良的人生目標並不是幫劉邦打什麼天下，而是復國，他清楚地明白，劉邦和項羽的人生目標是不同的，他的目標和項羽倒有幾分相同，恢復六國。

如果幫劉邦實現人生目標，劉邦是草根，沒國可復。六國都復，沒有劉邦立足之地，他只能走去舊換新統一天下之路。如果這樣，自己就沒有機會去實現人生目標了。但就是在這種情況之下，張良為人仗義，忠君之事，更是報答劉邦對自己的知遇之恩。

在鴻門宴上，張良的兩個表現，讓項羽恨的想殺他。一是，項莊劍舞後，召樊噲進來。項羽問是何人？張良說，是劉邦的衛士。樊噲一席話，說得項羽啞口無言。二是，劉邦逃離後，張良從容獻上劉邦的禮物，為劉邦爭取時間，。從這兩個片斷我們能看出，張良已經把劉邦的事當自己的事了。

五

幾天之後，項羽帶領人馬開進咸陽城。他處死了降王子嬰，手下士兵不由分說就將宮殿內的財寶一搶而光。

項羽下令放火燒掉秦朝宮室。一座座宮殿，火焰四起。城內火光衝天，黑煙瀰漫，到了夜晚，大火把整座咸陽城照得通明透亮。大火一連燒了三個月，這下幾百年泱泱秦都，變成了一片廢墟。

燒殺之後，又將秦宮室中的婦女、財寶洗掠一空，項羽打算返回關東了。

早對楚懷王「先入關者王之」不滿的項羽，決定「分土而王」。他對部將們說：「當初伐秦，為了有復國的名號，而擁立楚懷王的後裔。三年來大家披甲上陣，犧牲流血，如今暴秦滅亡，天下安定，該由我們自己來分割天下的土地。楚懷王一直在後方享福，看在道義的份上，我建議尊他為義帝，給他一塊封地。」諸將無不支持。

接著，項羽將楚懷王南遷，建都郴縣（今湖南郴州），表面上尊為義帝，實則剝奪了他的權力。不久，項羽自立為西楚霸王，定都彭城。為了防範和限制劉邦，項羽與范增商定封劉邦為漢王，藉口巴、蜀也是漢中之地，讓他統領巴蜀地區，建都南鄭（今陝西漢中）。關中腹地的八百里秦川，分賞給雍王章邯、塞王司馬欣、翟王董翳三位秦朝降將，既互相牽制，又可阻擋劉邦東進。魏豹、趙歇、韓成、田都、田安等也都得到了封號及封地。

項羽非常得意，他以霸主自居，佔有浙江、山東西部、河南東部等九郡之地。至此，天下局勢初定，只是這安穩的局面並沒有持續太久。

東征

一

受封後，劉邦心中氣忿不平。張良怎會不知道劉邦這些日子的憤懣。項羽仗著勢力大，非但不按約封劉邦為關中王，也不讓他回到豐邑、沛縣，而是將他分封到偏遠的巴蜀之地。

劉邦嚥不下這口氣，頭腦一熱，想要出兵攻打項羽。蕭何勸解他，如今敵眾我寡，貿然攻擊等於自取滅亡，不如暫時退讓，在巴蜀養精蓄銳，再尋找時機。劉邦覺得有理，打算先回封地。

漢王元年（前二〇六年）四月，各諸侯王分別回到各自的封地，劉邦也帶著項羽分給他的三萬人馬回封地。因劉邦寬厚仁德的聲名遠播，一路投奔追隨他去南鄭的人源源不斷，竟至有數萬人之多。

張良對劉邦依依不捨，但他不能跟隨劉邦去南鄭，韓王成已經復國，他得回到韓王成身邊輔佐。他一直將劉邦送到褒中，才灑淚而別。臨別時，他對劉邦說：「大王，您是不是可以統統燒掉來路上的棧道？這樣既可以防備可能來自雍王章邯的尾隨偷襲，更可以向天下人表示您志僅於此，沒有東還之意，以此來穩定項王的心，使他不致因戒心太重而加害於您。」漢王深以為是，於是送走張良後，自己就一邊往回走，一邊隨即燒毀了沿途所有的棧道。

張良回到韓國，才知道因為自己輔佐劉邦引起項羽的忌恨，所以項羽不讓韓王成去封國，將他帶到彭城去了。張良來不及多想，就踏上了去彭城的路。

半途中，他卻聽到田榮自立為王，舉兵反抗項羽的消息。原來田榮也算是起義軍的元老，但卻沒有得到分封，便趕走了齊王田都，殺了膠東王田市和濟北王田安，併三齊而自立。

同樣沒有得到分封的還有趙國的陳餘。他見田榮起兵，便也趁勢發兵趕走了常山王張耳，迎回了代王趙歇，重新立為趙王。而趙歇又把代地封給陳餘，立他為代王。

就在項羽焦頭爛額之際，張良看出項羽對漢王的警覺和猶豫，為了減輕漢王的壓力，就上書給項王說，據他的了解，漢王入漢中時，隨走隨即燒絕了來路上的棧道，由此看來，漢王並沒有要再回關中的意思。然後他又拿出了齊國田榮和魏地彭越的反叛文告給項王看，並提醒項王說：「很顯然，齊國田榮打算聯合趙歇，共同擊滅西楚國。」

看到這兩份文告，聽了張良的話，想想劉邦自進入漢中以後，確實毫無動靜，看來他燒絕棧道確是誠心向自己表示無東回之心，於是項王對劉邦放了心，轉過頭去，一心一意向東去攻打反叛的齊國去了。

八月，趁項羽在齊地作戰的大好時機，漢王用韓信「乘機」之策，乘項羽東向定齊之機，並乘漢軍渴望東歸的士氣，明修棧道，暗渡陳倉，以迅雷不及掩耳之勢突襲三秦，九月全數佔據關中。漢王守則拒關足以自固，進則足以制東方諸侯。

漢軍連敗雍王章邯，進圍廢丘。塞王司馬欣和翟王董翳無力抵抗，先後投降。劉邦迅速平定了關中的大部份地區。見此情形，項羽急忙出兵陽夏（今河南太康）阻擋劉邦東進。他又將韓王成降為穰侯，封鄭昌為韓王，以對付劉邦。

與此同時，義帝被項羽催促著趕赴封地郴縣，在路上被得到項羽授意的九江王英布、衡山王吳芮、臨江王共敖劫殺。

項羽終於不肯放過韓王成，將他降為穰侯不久，又把他殺了。此時的張良是心灰意冷，看遍韓國諸公子，只有公子成可扶，卻被項羽所殺。復國無望，也無立身之處，只好再投劉邦而去。

而劉邦的一個舉動，更讓張良終於鐵了心跟定劉邦。

後來在下邑這個地方，劉邦下馬踞鞍問計於張良。堂堂漢王，主動下馬，靠在張良的馬鞍邊，抱著張良的腿求計，我把我東邊的封地全拿出來，先生看可給誰，幫我奪取天下？張良感動之餘，一聲輕嘆，世事弄人啊！說出韓信，彭越，黥布三個名字。直到此時，張良才真正斷去復韓的人生目標，走上帝師之路。因為這兩條路，完全是兩股道，不可能有交叉點。

漢王二年（前二〇五年），張良回到漢中，被劉邦封為成信侯。

項羽親率大軍北上齊地，所向無敵，直接打到了重鎮城陽（今山東菏澤）。田榮大敗，逃往平原（今山東平原），當地百姓把他給殺了。

項羽改立田假為齊王，繼續北進剷除叛軍。所過之處，楚軍一路燒殺搶掠，不堪忍受的齊地百姓紛紛聚眾起義，反抗項羽。而田榮的舊部雖已打散，勢力猶存，田榮之弟田橫又立田榮之子田廣為齊王，起兵反楚於城陽。項羽陷入戰爭的泥淖，無法立刻結束在齊國的戰爭。

此時的劉邦，按照張良的建議，減免賦稅，安撫民心，在關中站穩了腳。漢軍接連獲勝，隊伍壯大，劉邦外有強將，內有謀士，正躊躇滿志的謀劃出關。

而項羽此時依然被齊國田榮的舊部牽制著，抽不出主力阻擋漢軍。

劉邦率領主力從臨晉（今陝西大荔）渡過黃河，進攻魏國。魏王豹投降，率部眾隨劉邦征伐，再南下進攻殷王司馬卬。司馬卬見狀，宣佈投降反楚。接著，聯合趙國軍隊南下，對楚國之地發動進攻。

漢王二年（前二〇五年）三月，劉邦進駐洛陽，採納了當地一個掌管教化的小吏的建議，為遭項羽弒殺的義帝發喪，昭告各國聲討項羽。此舉具有很大的號召力，為聯合各地諸侯反楚打下基礎。

很快，劉邦率領大軍經過洛陽到達外黃（今河南蘭考），原來與田榮聯合反對項羽的彭越，此時率領三萬人馬歸屬劉邦。劉邦拜他為魏相國，讓他轉戰梁地，他則率著號稱五十六萬人，向楚國的都城彭城進攻。

二

項羽的精兵強將都跟隨去了齊地平定叛亂，後方留守的不過是老弱之卒。漢軍一到楚國地界，沒費吹灰之力就拿下了彭城。這卻是張良始料未及的。

出征前張良還在提醒劉邦時刻警惕，可一進彭城，劉邦就像是卸下了身上所有的負重。勝利來得太快，項羽的根據地都拿下了，身為聯軍之首的漢王，他有些飄飄然了。他和諸將成天飲酒作樂，彷彿已經忘了還有項羽的存在，絲毫沒有將對楚軍的戒備放在心上。張良看在眼裏急在心上，卻毫無辦法。

逃至齊地的楚軍潰卒，把彭城失守之事稟報項羽。項羽立即帶領三萬精兵，日夜兼程趕回彭城，以迅雷不及掩耳之勢，向漢軍發動了進攻。楚軍在彭城以東大破漢軍，漢軍退至彭城靈璧之東、濉水之上，無船可渡。兩軍交鋒，漢軍慘敗，死傷無數，濉水為之不流。劉邦在幾個親信隨從的掩護下，倉皇逃離。亂軍之中，劉邦之父劉太公和妻子呂雉被楚軍俘獲。

兵敗如山倒，費盡心力建立起來的聯軍如鳥獸散。塞王司馬欣、翟王董翳逃往楚軍，陳餘與劉邦決裂，魏王豹也倒戈投降項羽。

自起兵以來，劉邦從未經歷過這樣大的慘敗。他腦子裏天天糾纏的是如何洗雪彭城之辱，唯有反敗為勝，才能給那些無信義可言的諸侯們一記狠狠的耳光。

劉邦把眾部下召集過來商討對策。他說：「這次敗得太慘了，你們有什麼良策？我可以將函谷關以東所有的土地作為封賞，誰能替我復仇？」眾人默然不語。

張良輕咳一聲，說：「扭轉戰局，我看九江王英布及彭越、韓信可以依靠。英布雖是楚軍猛將，但與項羽有矛盾；彭越早已反楚，韓信是軍中可獨當一面的大將軍。漢王若是將關東之地封給這三人，他們定會不遺餘力，破楚指日可待。」

張良的分析，劉邦覺得句句在理。他馬上派人策反英布，又派人聯繫彭越，以組成新的反楚聯軍。接著拜大將韓信為左丞相，令他與灌嬰、曹參一起進攻魏國。

劉邦退至滎陽，與項羽正面相持。漢二年九、十月間，韓信先後平定了魏、趙之地，這兩地的兵馬不斷輸送到滎陽，劉邦的兵力得到補充，得以和項羽持續周旋。十一月，英布被劉邦派出的特使隨何策反成功，反楚歸漢，項羽的力量進一步被削弱了。

雖然劉邦在局勢上漸漸佔據主動，但楚軍力量依然強大，在滎陽前線屢屢進攻，漢軍陷入困境。滎陽北據黃河，背靠關中，利於據守。劉邦下令在滎陽至北面黃河邊的著名糧倉敖倉之間修築甬道，保證漢軍的糧食供應。但項羽派兵從中間突破，切斷糧道，讓劉邦頭疼不已。

這時，酈食其前來獻計：「古代聖王都分封前朝後代，而暴秦使六國後代無立錐之地，所以最有力響應陳勝鏟滅暴秦的，就是六國之後。因此漢王應該分封六國之後，推行仁德道義，隨著德義的實施，就可以稱霸天下。」

並接著說：「那時侯，西楚霸王也會整肅衣冠，必恭必敬地前來朝拜您了。」

酈食其講的都是漢王似懂非懂的東西，想想無非是刻製一些印信，也不會損失一兵一卒，最重要的是能就此稱霸諸侯！

「有道理！」劉邦趕緊讓酈食其趕製印信，並讓他去逐一分發。

酈食其還沒出發，張良正好來拜見劉邦，正在吃飯的劉邦就迫不及待地說：「有個客人為我出了一個削弱楚國的主意。」他把酈食其的話告訴了張良。

然後問張良「您看怎麼樣？」

張良一聽，臉就變了顏色，這可是漢王從來沒有見過的：「大王，誰給您出的這個餿主意？您一統天下的大事業要完啦！」

「此話怎講？」

張良說：「臣請借用一下您面前的筷子。」張良接過筷子，在桌上擺起地形圖來，這裏是滎陽、成皋，這裏是關中，這裏是彭城，漢軍在哪裏，楚軍在哪裏，將楚漢相爭的大態勢講給漢王聽。漢王不知道張良說這些是為了什麼，耐著性子往下聽。籌劃完了，張良一臉莊重：「大王，我想問您幾個問題。」

「請先生指教。」

「大王，從前商湯討伐夏桀而封夏朝的子孫於杞，那是估量自己能置夏桀於死地。現在大王您估量自己能置項籍於死地嗎？」

「不能。」對於這點，漢王當然很清楚。

「這就是您不能夠封六國後代的第一個原因。周武王封商朝的後代於宋國，那是相信自己能夠得到商紂的腦袋。大王您想想，您現在能得到項籍的腦袋嗎？」

漢王不用想，當然不能夠。

「這是您不能封六國之後的第二個原因。周武王進入殷商的都城，在賢者商容居住過的里巷大門口表彰他的德行，從監獄裏釋放了剛直不阿的箕子，重新修築了聖人比干的墓堆。大王，如今您有能力在賢者的里門表彰他的德行，過智者之門對他表示敬意，重修聖人的墳墓嗎？」

「不能夠。」

「這是第三。周武王曾經發放巨橋糧倉的糧食，散發鹿台府庫的金錢，周濟貧苦百姓。如今您能夠拿出糧食、金錢來賞賜貧民嗎？」

「不能。」

「這是第四個原因。滅商後，武王廢戰車，倒置武器，蒙以虎皮，向天下表示不再使用兵器。大王您能偃旗息鼓，刀槍入庫，實行文治嗎？」

「也不能。」

「這是第五個。武王放戰馬於華山之南，向天下表示他用不著戰馬了。大王您能做到嗎？」

漢王搖了搖頭。

「這是第六。武王將運送軍事物資的牛都放到桃林之北，以示不再運輸軍事輜重了。您能這樣做嗎？」

漢王又搖了搖頭。

「這是第七。更有一個最重要的原因：天下之士辭別了父母妻子，離開祖塋熟土，告別了親戚朋友，追隨您奔波勞頓，日夜期盼，無非是得到您賞賜的一點封地。現在您要復立六國之後，那麼天下之士只能回去服事他們的君主，那麼您依靠誰來為您爭奪天下呢？這是您不能封六國之後的第八個原因。」

漢王聽得大汗淋漓。

「您如今要做的最重要的事情就是，使西楚國無從加強力量！西楚國如果力量強大起來，您所封的六國肯定就會去追隨它，您有什麼辦法使它們臣服？您假如真採用那個客人的計謀，那您要奪取天下的大事業就全完了！」

漢王「噗！」地一下把嘴裏的食物全吐了出來，破口大罵：「酈食其那個老笨蛋書呆子！幾乎壞了你老子的大事！」然後叫左右：「去！去！去！馬上給我把那些印信全燒了！全毀掉！」

漢王劉邦縱使是個天才，善於接納判斷，卻也有犯錯誤的時候，這一次他之所以判斷失誤，關鍵在於他的學識太淺，使他無法發揮自己的聰穎才能。這一次的糾正錯誤，充份顯示了張良的高瞻遠矚，展示了他遠遠高於其他謀士的智慧見識。

三

漢王三年（前二〇四年）四月，楚軍發起了一輪又一輪進攻，圍住了滎陽城。無奈之下，劉邦派出使者前往楚營講和，提出以滎陽為界，東楚西漢。項羽沒答應，待漢使走後，也遣人赴漢營打探情況。

項羽萬萬沒想到自己中了劉邦的離間計。

早些日子，劉邦已派人打入楚軍內部，散佈流言：「亞父范增暗中聯絡漢王，尋找機會裏應外合，叛楚歸漢，消滅項王。」

素來多疑的項羽，聽到這些傳言，想到滎陽久攻不下，對亞父開始抱著將信將疑的態度。

楚使來到漢軍營中，起先受到熱情招待。負責接待的謀士陳平耍了花招，他假裝驚愕地說道：「我以為是亞父的使者，原來是項王的使者。弄錯了！」命人將美味佳肴撤去，換上粗茶淡飯。

楚使回來向項羽匯報，項羽大驚，更加懷疑范增與劉邦私下勾結。他處處防備范增，收回了一些范增的權力。

偏偏這時范增見圍守滎陽城下的楚軍遲遲不動，又催促項羽發兵攻打。

「鴻門宴上大王放走了劉邦，這次萬不可錯過了。」范增說。

舊事重提，項羽心中不樂，他盯著范增冷冷地說：「如此性急，怕是滎陽未破，我的頭就讓亞父送給漢王當見面禮了吧？」

項羽的猜忌，讓范增倍感寒心。他心灰意冷，一氣之下向項羽請辭：「天下事已定，項王好自為之，請准臣告老還鄉。」說完，掉頭逕出，孑然離去了。

歸路上，滿腹牢騷，憂鬱憤懣交相侵襲，加之路途勞頓，內熱外寒兩相交迫，背上長了一個大毒瘡。還沒回到彭城，背上毒瘡發作，就不治而亡了。享年七十一歲。

轉眼又過了一個月，楚軍依然圍住滎陽，劉邦被困城中，岌岌可危。部將紀信主動向劉邦獻上一計：「臣從東門出，假扮大王出降誆騙楚軍，大王藉機從西門出，趁勢突圍。」張良打量著這位自告奮勇的大將，不由得替他擔心，要是項羽知道受騙，必然不會饒過他。

「城中糧食沒有了，漢王出降。」當夜，紀信穿著漢王的衣服，坐著受降的車緩緩駛出東門。楚軍信以為真，圍聚城東觀看。同時，劉邦率領幾十人出西門，趁著夜幕逃出了滎陽城。項羽很快發現上當，勃然大怒，下令燒死了紀信。

接著，項羽下令追擊劉邦，突然發現滎陽城門關上了，城樓上依舊站滿了全副武裝的漢軍士兵。

這個主意是張良出的。他料到項羽發現中計後，必然會派兵追趕，若留下部份將士繼續守衛滎陽，拖住楚軍，項羽就不敢全力去追，這樣劉邦才能真正逃脫險境。

安全逃到成皋後，劉邦打算召集舊部，與楚軍再戰。惱怒中的項羽則一邊繼續圍攻滎陽，一邊分兵直撲成皋，打算趁劉邦立足未穩，一舉殲滅。

「成皋不是久留之地，當下唯有回到關中，方可真正脫離險境。」張良建議道。

劉邦生氣了：「你不是說過不能輕易回去嗎？」

「此一時，彼一時！」張良說，「漢王返回關中，召集兵馬，重新殺回，方可真正解滎陽之圍。」

劉邦雖說不樂意，但前思後想還是聽從了張良的建議，回到函谷關。留守關中的蕭何治理有方，有他在，漢軍的後方就是鞏固的。補充了新的兵馬，劉邦又振作起來，打算出關反攻滎陽。

這時謀士轅生獻計，說赴滎陽並無取勝把握，不如出兵武關南行，吸引項羽兵力南下，漢軍則堅守不戰，爭取時間休整，同時命韓信等將領在北方牽制；如此則楚軍各處應戰，兵力分散，漢王趁機反攻，必可破楚。

劉邦依計而行。他率軍南下，拖住楚軍主力，又調兵遣將，讓彭越在楚軍的後方出擊，迫使項羽兩面作戰，長途奔襲，在戰略上幾乎就是被劉邦牽著鼻子走。

功成

一

漢王四年（前二〇三年），項羽奪回了外黃、睢陽等十餘城。

此時，漢軍攻下了成皋，項羽聽聞，顧不得兵馬疲乏，又趕返西線。漢軍在廣武山一帶憑險堅守，項羽也駐軍廣武，與劉邦一東一西隔澗相望。

時間拖長，楚軍的糧草漸漸不足。可任憑怎麼叫陣，漢軍只是堅守不出。項羽計窮，突然想到了被關押在營中的劉邦父親劉太公，決定以此來要挾。

劉太公被押到陣前，項羽惡狠狠地喊話：「再不投降，我就把你老子剁了煮成肉湯。」

但是項羽低估了劉邦，只聽見他回覆說：「當年我們受命於懷王，約為兄弟，既然如此，我的父親就是你的父親。如果你要烹了你的父親，千萬記得分我一碗羹嘗嘗。」

項羽被激怒了，下令殺了太公。項伯這時趕緊上前勸說：「楚漢相爭，勝負未分，何必撕破臉皮呢？志向遠大者不顧家，你殺了太公，也沒有什麼益處，只怕反而招禍。」

項羽又隔著澗對劉邦高喊：「天下不寧，皆因你我二人相爭而起，不如我們單打獨鬥，一決勝負。」

劉邦卻說：「我只鬥智不鬥力。」並在陣前歷數項羽的十宗罪：其一，背信棄義，不守入關之約；其二，假託懷王之命，殺害宋義，竊奪軍權；其三，救趙之後不回報懷王，擅自率諸侯兵入關；其四，焚燒秦宮，掘始皇墳墓，私盜財物；其五，殺死歸降的秦王子嬰；其六，欺詐活埋二十萬投降秦兵；其七，將親信分封到富庶之地，原來的諸侯王被驅逐到貧瘠之地；其八，把義帝逐出彭城，奪取韓地，合併梁楚之地佔為己有，自私貪婪；其九，派人暗中殺死義帝；其十，號令天下，為政不公，不講信義，大逆無道。

項羽氣得說不出話，一怒之下，命躲藏一旁的弓箭手射擊劉邦。劉邦躲閃不及，胸部中箭，叫了聲「不好」，跌坐在地。但為了穩住軍心，他只說被射中了腳趾，隨即被眾人抬進帳內。

張良入內探望，說：「將士們不知大王傷得如何，若是能在營中巡視一番，軍心必然安定。楚軍知道漢王照常巡視，也不敢輕舉妄動。」

劉邦忍著傷痛，到軍營中巡視一番，才回成皋養傷。

二

正當楚漢在廣武對峙、難見分曉之時，在三齊之地，韓信步步為營，平定了齊地。他修書一封，派人送給劉邦，稱齊國與楚相鄰，偽詐多變，反覆無常，請封他為齊假（代理）王，以便鎮服齊國。

漢王此時正在滎陽前線，拆開使者呈上的信札，立時氣得七竅生煙，破口大罵道：「老子被困在這裏，日夜盼望你來解我之圍，你卻要私自立為齊王！」

張良和陳平在旁邊，連忙在桌子下面踩了漢王一腳，張良附在他耳邊說：「我們被困在這裏，有什麼辦法阻止韓信稱王？不如就此機會順水推舟，立他為齊王，好好對待他，讓他服服貼貼，至少保持中立，為您獨力鎮守齊國。不這樣，就會發生巨變！」

漢王一聽，立刻轉怒為喜，又大聲罵道：「大丈夫平定了一個諸侯國，當然就是真王，做什麼假王！」

春二月，漢王派張良帶著國王印信，前往臨淄，宣佈封韓信為齊王。儀式過後，張良又宣佈了漢王的第二項命令：徵調韓信的部隊，開往廣武前沿，去抗拒楚軍。

經過長期對峙相持，形勢愈來愈不利於楚軍。聽說韓信平定了齊地，項羽立即派出謀士武涉去說服韓信背叛劉邦，勸他三分天下，獨霸一方。

但儘管謀士磨破嘴皮，韓信不予理睬。連韓信的謀士蒯徹也勸他脫離漢王，自立為王，最終韓信還是不為所動。

僵持日久，劉邦也坐不住了。他找來張良商議對策。

張良替他分析，項羽是輕易不會服輸的人，不使他陷入絕境，怎能迫其議和。現在楚軍糧食也快斷絕，時機差不多了，不如派使者去楚營試探一番。

劉邦派出說客侯公前往楚營講和，提出交還劉太公及呂雉，雙方就簽訂合約。

項羽雖不情願講和，但他如今四面受敵，孤立無援，軍糧缺乏，不得已只能同意。

雙方最後議定：以鴻溝（將黃河與潁水連通的一條運河）為界，中分天下，鴻溝以西屬漢，鴻溝以東屬楚，互不侵犯。

簽訂議和書，項羽將劉太公及呂雉放回，便撤軍東歸。

劉邦也打算向西撤兵，卻被張良攔下了。

張良說：「如今正是消滅項羽奪取天下的大好時機，如果中途休戰，就會半途而廢。」

劉邦詫異，停戰議和是張良的主意，即使再戰，也得讓將士們休整，過些時日吧。

張良又說：「當下楚軍兵疲食盡，我們正可出其不意，攻其不備。若此時西歸，錯過這個機會，無異於是放虎歸山。」

謀士陳平也附和：「與項王議和，乃障眼之計，是為了救出太公和夫人。如今目的達到了，便可大膽用兵了。」

劉邦有些猶豫。張良像是看穿了他的心思，說：「我們以兵戈謀天下，兵書上說：『兵者，詭道也。』漢王若趁機追擊，天下人不但不會恥笑，反而會說漢王深謀遠慮。」

劉邦覺得有理，傳令繼續向東進攻，並派人約韓信、彭越引兵前來會戰，共擊項羽。讓劉邦沒想到的是，漢軍追到固陵（今河南太康），幾路援軍遲遲未到，楚軍趁漢軍孤軍深入，又把漢軍打得大敗。劉邦只得堅壁自守，不敢應戰。此時的他，像熱鍋上的螞蟻，問張良有何對策。

張良說：「韓信、彭越不來，是漢王沒有給他們真正的封賞。當初韓信被封為齊王，並非大王本意，他至今也將信將疑，而且也沒有劃定封地；彭越平定梁地，只封為魏相，遲遲沒有封王。他們心懷疑慮，怎會率兵前來呢？」

「那當下怎麼辦？」劉邦問。

張良說：「請大王把陳以東直到東海封給韓信，把睢陽以北至穀城封給彭越。韓信的老家在楚地，他早就想得到家鄉的土地。假如大王能把這些地方許給他們，他們一定會全力助戰，楚國就容易打敗了。」

劉邦對分天下是不情願的，但火燒在眉尖上，沒有更好的辦法來解決當下的危機，只好依計而行。

果然不出張良所料，得知受封後，彭越的援軍很快就前來會合；韓信沒想到劉邦會把他心中所想的封地給予他，因此也親率大軍與漢軍會師。奉命進攻楚地的漢將劉賈則南渡淮河，誘降了項羽的大司馬周殷。各路大軍約三十萬，將楚軍團團包圍在了垓下（今安徽靈璧）。

三

夜風，吹響了垓下的哀歌。

韓信親率前鋒與楚軍交戰，後又聯合左右翼一起合擊，楚軍不敵，開始撤退。漢軍乘勝攻擊。天色暗下來，項羽命令楚軍退回垓下的大本營，堅守不出。

夜幕下的天空，星辰隱匿，它們的退場像是在憑弔白天倒下的將士。項羽毫無睡意，軍中將士也大多沒睡，夜，變得格外詭祕，變得危機四伏。

突然，淒婉的楚地歌聲劃破寂靜的夜空，起初是一處傳來歌聲，接著楚營四面全是歌聲。

項羽在軍帳中坐立不安，他惶惑地問虞姬：「難道漢軍已將楚地全部佔領了？」

虞姬並不回答，眼淚簌簌滴落。項羽悲從中來。自起兵以來，叱吒風雲，所向無敵，沒想到今日竟落到這般地步。

他禁不住慷慨悲歌，唱道：

力拔山兮氣蓋世，時不利兮騅不逝。
騅不逝兮可奈何，虞兮虞兮奈若何！

情勢如此，項羽仍不甘心失敗，精選了八百騎士，決定突圍。他一路疾奔，悲痛難抑。

但是終究沒能逃脫漢軍的追擊，奮力廝殺的他被寬闊的長江攔住了退路。他逃到了烏江口（今安徽和縣），原有渡江之意的他這時遲疑了——昔日稱霸天下，如今成了孤家寡人，對於那麼多陪他出生入死的江東子弟，如今居無一人生還，他再沒有面目再見江東父老，也難捲土重來……

想到這裏，項羽心中絕望，他拔劍自刎，結束了豪氣蓋世的一生。

仙遊

一

楚漢之爭結束，天下大定，萬民歡慶。

這段日子，張良屢屢想及下邳遇見的那位神祕老人，生出了尋訪老者的念頭。爭得天下的劉邦心情舒暢，張良提出想去一趟穀城山，劉邦滿口答應，並派人護衛。張良謝絕了護衛隨行，隻身前往穀城山。

穀城山水豐林密，張良行走幾日，縷縷清泉從山石間穿過，周圍古木參天，枝葉交錯，空氣清新。投身大自然，他腳步輕快，似有閒雲野鶴的輕盈之感。走到谷底一深水潭處，張良遠遠地看到一石峰，峰似一仙風道骨的老者形象，又勾起了他對神祕老人的回憶。

「小子！小子哎！」老人的呼喚，彷彿又在耳畔迴響。

張良走到石峰腳下，突然看到一束黃光耀人眼目。走近一看，果真是一塊黃石，背後刻著四句話：天地玄黃，山下有石，唯天不老，必有來人。

張良大為欣喜，這不正暗合了老人臨別所言「山下黃石即我」嗎？他叩拜禱告之後，將黃石從石峰上剝離，置於特製的檀木匣中，從此朝夕不離。

二

天下初定，劉邦並不能高枕無憂，他想到項羽分封諸王後引起的反叛，決心趁自己的力量還處於壓倒性優勢下，收回兵權，鞏固權力。

他的第一個目標，就瞄準了齊王韓信。韓信滅魏、伐代、攻趙、降燕、定齊，齊地負山固海，物阜民豐，地理險要，最重要的是他手握重兵，一旦作亂，必難控制。

於是，劉邦到了定陶，突然把手伸入了韓信的軍營，奪走了他的軍權。劉邦的意圖，諸侯王們都看出來了，他們聯合上書，請求漢王登基為皇帝。劉邦假意推辭：「皇帝必為賢德之人，不是我所能持守的，不敢即皇帝之位。」深知劉邦心思的張良勸諫道：「漢王起於平民，誅殺暴逆，平定四海，功比天高，萬民敬仰，諸王臣服。諸王懇請漢王上皇帝尊號，為的是號令天下，名副其實。漢王不更名號，混同於諸王，所封諸王於心不安，為使天下久安，漢王請勿推辭。」

眾臣王侯也你一言我一語，爭相表忠心，堅持尊漢王為皇帝。

劉邦也就不再推辭。公元前二〇二年二月，劉邦在定陶登基稱帝，是為漢高祖，定都洛陽。

稱帝後，劉邦把韓信改封為楚王，只給了他陳縣以東、淮河以北的原楚國國土，原先的齊國國土則全部收回。又封彭越為梁王，國境在原魏國地，定都定陶。加上之前封的趙王張敖、淮南王英布、韓王信、燕王臧荼，劉邦又把原衡山王吳芮改封為長沙王，原粵王無諸為閩粵王，一共封了八個異姓王。

五月，劉邦在洛陽南宮大宴群臣。酒過三巡，他問大臣們：「朕之所以奪取天下，項羽之所以失去天下，是什麼原因呢？」

王陵說：「陛下派人攻城略地，勝了就把這些地方賞給他，與天下同利。項羽則不然，他殺害功臣，猜忌賢者，使部下離心離德，這便是項羽失敗的原因。」眾臣也附和，誇讚劉邦賢德。

劉邦卻不以為然地說：「公知其一，不知其二。講到運籌帷幄之中，決勝於千里之外，我不如張良；鎮國家，撫百姓，供給饋餉，不絕糧道，我不如蕭何；統帥百萬大軍，戰必勝，攻必克，我不如韓信。這三位，都是人中之傑，而我能用他們，所以我才能取得天下。項羽呢，只有一個智囊范增，還不能任用，這就是他所以失去天下、被我擒殺的原因。」

眾人聽了都心悅誠服，但張良卻有了不安，他盡心輔佐劉邦，實則也是為推翻暴秦，報仇雪恥。他深知自己雖有權謀智勇卻身單體弱，也瞭解劉邦的多疑善變。再則，世事虛浮，他不願爭寵邀功，只求善終。

不久，大臣婁敬對建都洛陽提出異議。他說了一大通有理有據的意見，建議建都關中。但劉邦身邊的大臣不願意，他們的老家大都在山東六國，如果定都關中，離家更遠了。

反對的大臣們說：「洛陽地勢險要，山遮水護，東有成皋，西有崤山、澠池，背靠黃河，面向伊水洛水，這麼好的地方為什麼要搬離呢？」

又有人說：「陛下想想關中歷史，周王朝建都洛陽，世代相襲數百年，秦王朝定都關中咸陽，不過兩代而亡。如此不吉利之地，不遷也罷。」

劉邦左右搖擺，拿不定主意，又去詢問張良。

遷都不是一件小事，張良贊同婁敬的說法，但要堅定劉邦的信心，就必須有充足的理由。他說：「陛下，洛陽雖然有這些優點，但是它有個致命的弱點，那就是活動範圍太小，方圓不過數百里，土地貧瘠，糧食產量太少。而且，地處中央，四面八方，敵人隨時可以發動進攻。這個地方，不是軍事上進可攻，退可守的優勝之地。關中則不然，東有崤山、函谷關；西有隴山和蜀地的一部份，沃野千里，豐腴富饒；南有巴蜀的豐富資源財富；北方與蠻族部落接壤，其發達的畜牧業，也是一個很大的便利條件。而且地處西隅，北西南三面都沒有被攻擊的危險，只要注意向東一面控制諸侯就足夠矣！黃河、渭水，天下太平時，是東方向國都運送糧秣物資的最暢通道；東方封國一旦掀起動亂，中央軍順流而下去征伐，日行千里，能夠迅速抵達並平定。這樣的地方，確是『金城千里』，『天府之國』。婁敬的見解，確是深謀遠慮。」

張良的話一出口，劉邦的決心立定，他馬上下詔：「遷都長安！」

建都長安，對西漢王朝中央政權的鞏固，在地理上創造了一個非常好的條件。

三

漢高帝六年（前二〇一年），劉邦大封功臣。

那時的軍功爵位有二十級，最高一級為列侯，列侯可享有食邑。封為列侯的人也封有一塊地方，封地的事務皆由朝廷派去的官吏處理，封列侯者對封地有租稅之權，故稱為食邑，因封地戶數不等，有的稱萬戶侯。

張良是主要謀臣，沒有戰功，劉邦並沒忘記他，讓他從齊國選三萬戶作為封邑。張良認為自己既不是劉邦的宗親、子弟、同鄉好友，又沒有殺敵奪地之功，於是說：「臣不敢領受。」

劉邦頗為驚訝：「子房，這是你應得的。」

張良說：「臣起事於下邳，能與陛下在留地相遇，這是上天把臣交給陛下。陛下能採納臣的計策，幸好碰巧能奏效，所以臣覺得能把留地封給臣就心滿意足了，實在不敢接受三萬戶的封賞。」

劉邦見他語氣懇切，只好說：「好吧，就依你。」就這樣，張良做了留侯，食邑一萬戶。

劉邦分封了二十餘名大臣，其他人日夜爭功，使劉邦左右為難，無法再封。一日，他看到宮外閣道上，將領們三五成群在交頭接耳。

劉邦問張良：「他們在說什麼呢？」

張良出語驚人：「陛下難道不知？他們在謀反呀！」

劉邦大驚：「天下已經平定，他們怎麼還要謀反？」

張良說：「陛下以一介平民起事，如今貴為天子，您是靠這些人才打下的江山。可是您所封賞的，都是您的親屬和舊好私交，而誅殺的都是陛下平時怨恨的人。現在把那些人的功勞算一算，恐怕把天下之地都封了也不夠。這些人既怕得不到封賞，更怕日後陛下想起他們的過失遭到誅殺，所以就聚在一起準備謀反啦。」

劉邦不無憂慮地問：「那你說怎麼辦？」

張良問：「陛下平素憎恨厭惡、而且群臣也都很清楚的人中，以哪個為最？」

高帝想都不用想，脫口而出：「雍齒。」

雍齒不僅舉豐邑背叛了他，而且在後來還多次在戰鬥中圍困侮辱劉邦。後來雍齒跟隨魏王歸順了劉邦，因為他英勇善戰，屢建奇功，沒法殺他。

現在說起，劉邦還是恨得牙根癢癢的：「他多次困辱我，我一直想殺他，可是他功勞多，我不忍心。」

張良說：「請快封雍齒！封給群臣看，他們對自己將來受封就會堅信不移了。」

劉邦馬上在宮中設置酒宴，款待群臣。在宴席上，劉邦宣佈再行封爵，封雍齒為什方侯。然後當眾催促丞相、御史，趕快評功行封。

群臣眾將看到雍齒分封，議論說：「雍齒都被封為侯，我們更不用愁了！」

四

到關中之後，體弱多病的張良身體愈來愈不好，他索性閉門謝客，深居簡出，在家頤養身體，修仙學道。

漢高帝九年（前一九八年），劉邦想要改立寵愛的戚夫人之子趙王如意為太子，呂后驚恐，不知該怎麼辦。有人對她說，張良善於出謀劃策，並且深受高帝信任，何不去問他有何辦法。呂后便派她的哥哥建成侯呂釋之來找張良。

呂釋之見到張良，軟硬兼施，要挾張良出面。

呂釋之說：「您一直是陛下最信任的謀臣，陛下尊您為『天子之師』。現在陛下要廢太子，您豈能高枕而臥！」

張良婉言回絕道：「我所謂的『天子之師』，不過是當初陛下處於危急之中，而我的一些小小的謀劃，萬幸被陛下採納了，不是我真有什麼能耐。如今天下安定，我病疲俱全，本就是無用之人了。況且陛下因為重愛的緣故想置易太子，這是至親骨肉的家事，我們是外臣，就是一百個人去勸說，又有什麼用處呢？」

呂釋之不肯罷休，：「請留侯一定看在太子仁厚孝義、皇后隨陛下受盡磨難的份上，為他們出個主意！」

張良想了想，說：「這件事情，確實是很難靠言辭爭辯做成的。我想，只有一個辦法可以試試：皇上橫掃天下，吸引了八方人士，四海賢能；但是，卻有四個人，皇上無論如何也招致不來——就是著名的商山四皓。他們是秦末的隱士，年紀非常大了，都覺得皇上待人傲慢，動輒侮辱人，故避到商山，不做漢臣。正因為他們不肯來，所以皇上格外尊崇這四個人。如今您果真不吝惜金玉璧帛，請太子寫一封信，言辭謙遜，態度誠懇。再備上安車（古代乘車一般立乘，只有高官告老或徵召有名望的人，往往賜一種小型的坐車，稱安車），派能言善辯的說客去敦請。」

呂釋之有些疑惑：「這樣『商山四皓』就會來？」

張良點了點頭：「他們會來。」然後張良接著說：「四皓到來，請必以貴客待之，且隨太子上朝。皇上見到他們，必會驚異並詢問。皇上和他們談了話，知道這四個人果然賢德，這樣對太子必有好處。」

呂后馬上派人捧著太子的書信，帶上豐厚的禮物，去迎接四皓。商山四皓到了，就以貴客的身份住在建成侯呂釋之家裏，等待著時機。

漢十一年（前一九六年），黥布造反。這時高帝生病，想讓太子擔任主將，前往討伐。商山四皓聽到這個消息，商量如何保全太子。

他們對呂釋之說：「太子領兵，戰功再大，位置也不過只是太子；那就別說打了敗仗，就是無功而返，那麼從此也要遭受大禍了！況且跟隨太子出征的將領，又都是曾經跟隨皇上平定天下的猛將，讓太子統帥他們，無異於以羊驅狼，他們怎麼肯老老實實為太子賣力？太子怎麼可能建立戰功？！」

他們又說到這樣趙王恐怕會就此替代太子，最後建議呂釋之速請皇后找個機會對皇上哭泣，將這些理由向皇帝講述，懇請皇上，即使患病，也要勉強起來，將領們才不敢不賣力。還是要強打精神出征！

呂釋之連夜進宮去見呂后，呂后急忙瞅了個空子，向高帝哭訴了一番。劉邦一聽，大罵道：「這個笨蛋，我原來就覺得不能派他這個差事！我就自己去一趟算啦！」

當初黥布預計高帝年老了，不能親自出征，才敢發動反叛；結果沒想到高帝真來了。黥布哪裏會想到這裏面還有這麼一段故事呢。

高帝親征，群臣送行到灞上。留侯強掙扎著送到曲郵，謁見劉邦說：「楚人剽捷，希望陛下不要與他爭一時的高低。」並且就此乘機勸高帝：「陛下出征，國中須有中堅，希望陛下任命太子作將軍，監領關中的軍隊。」

看著張良病容滿面的樣子，聽到張良的話，劉邦有點動情，他說：「子房，你現在有病，躺著也要強打起精神輔佐太子。那孩子不成器，我全要靠你了！」隨即任命張良行使太子少傅之職。

有人說請「商山四皓」出山這事，純粹是張良導演出的一場戲，這話也不是沒有道理。因為這辦法也沒有什麼新鮮可言，不過是金銀財寶，外加一封言語恭謙的信，這是劉邦左右朝臣都可以想出做出的。張良為此，不過是向劉邦表示朝廷重臣的強烈態度，表示所謂的士人民心罷了。

第二年，劉邦平定黥布回來，病得更重了，更想更換太子，張良勸諫，劉邦不聽，張良只好推說有病不再過問。叔孫通用古代的事例勸說劉邦不要換太子，以死為太子爭辯，劉邦假裝允諾，但心裏仍沒有打消改立太子的念頭。

這一天劉邦擺宴招待群臣，太子依張良之計，帶上了「商山四皓」。酒宴上，太子侍奉在劉邦身旁，劉邦見身後跟隨著四位老人，都已年過八旬，鬚髮雪白，高冠博帶，狀貌奇特，心中好奇。得知他們就是「商山四皓」後，劉邦大驚：「我訪求諸位好幾年了，你們總是躲著我。今天你們為什麼自動跟隨我兒子交遊呢？」

四位老人都說：「陛下您輕視士人，喜歡侮辱詈罵。我們無法忍受侮辱，所以惶恐地躲避起來。我們聽說太子為人仁義孝順，禮賢下士，天下士人無不引頸延項，爭為太子拚死效力。所以我們來侍奉太子。」

劉邦笑笑，「麻煩您們幾位，希望幾位能善始善終地關心保護太子。」四個人敬酒祝福完畢，告辭，急趨而去。

劉邦凝神注視四個人飄飄洒洒的背影，許久，招呼過身邊侍酒的戚夫人，指著說：「這四個人，不簡單哪！我多想讓如意當太子，可是，他們四個人都願意跟隨太子，太子的羽翼已成，我再也動搖不了他的地位了。呂后真作了你的主人啦！」

五

漢高帝十二年（前一九五年）四月，劉邦駕崩。太子劉盈繼承了帝位，即漢惠帝，大權落在了皇太后呂雉手中。

太后聽說張良一心修仙學道，不食五穀，感念於張良幫她出主意保住太子之位的恩德，便派人送去美味佳肴，強迫他飲食，並勸解他：「人生正如白駒過隙，何必自找苦吃到這個地步。」張良不得已，勉強聽命進奉飲食。

但時間一長，他還是決定去追尋赤松子。他獨自穿過崇山峻嶺，終於在槐花盛開的五月，到達傳說中秦嶺赤松子的仙居。這是三間隱匿於雲水之間的茅草小屋，屋前有一棵碩大的老槐樹，樹上掛滿了紫色的花穗。這讓他記起下邳的那棵古槐樹。

一陣輕霧湧來，老槐樹和茅草小屋若隱若現。一位老者，鬚髮皆白，衣袂飄飄，站在古槐樹下，目光投向雲蒸霞蔚的遠方。張良心喜，老者必定是赤松子無疑。

「來者何人？」老者問。

「張良拜會仙師！」張良跪地行禮。

老者一動未動，說：「你終於來了。」

張良說：「仙師應知我早有心追隨。」

老者張嘴深深一吸，似有雲氣聚成一縷輕細的白煙，湧進他的嘴裏。

張良驚歎：「仙師是在餐霞飲露嗎？」

老者慢條斯理地說：「大道無名，萬物有靈。」一陣雲霧飄來，老者隱身不見了。

「大道無名，萬物有靈。」張良用心參悟赤松子的點化，開始了雲遊四海的生活。行走之中，他又搜集各類兵書，對所搜集的兵書進行整理修訂。

張良想，這也許就是他此生最後的使命吧。

漢惠帝六年（前一八九年），張良去世，死後追謚文成侯。這位一生傳奇的謀臣，與他生前在穀城山下覓得的黃石埋葬在一起……

綜觀張良一生，封爵時，他謝絕了劉邦特別的恩賜，只要了留縣。

遷都長安，他就開始稱病，閉門謝客，一年多沒有出門。他終日沉於道家的養生之法，靜坐運氣，辟穀不食，只吃一種據說可以延年益壽的藥物。

他說：「我們張家，五代相韓。韓國滅亡後，我變賣萬金家產，向暴秦復仇，也曾引起過天下轟動。今天，我僅以口舌之功，就被尊為帝王師，賜封萬戶侯。一個平民到此，確是到頭，大大超過了我自己的願望了，我還有什麼可求的呢？現在我唯一的願望就是追隨赤松子，遨遊於天外。」

赤松子是太古時代的神仙，據說在神農時代，可以造雨。此後，張良一直很少參加政治活動（除了保全太子一事，實在拗不過呂后之請），也沒有再為高帝謀劃什麼計策。他出身高層，做過大事，見過大世面。他的智慧，足以洞悉神仙之事，他說話，也從不虛言妄語。

他所宣稱的要追隨赤松子遊，不過是假託神仙，捐棄功名利祿，在嚴酷的政治鬥爭中的一種退避，得以明哲保身。張良沒有野心，他最高的願望就是作「帝王師」。做到了，急流勇退，保全了自己。終張良之生，沒有受到帝王的猜忌懷疑，這實在是難得的，也只有張良能以他超群的明智與見識做到這一點。

張良生平簡表

前二三二年（秦王政十五年）

印度阿育王卒。阿育王在位期間是孔雀王朝的極盛時期。

前二三〇年（秦王政十七年）

秦派內史騰攻韓，虜韓王安，韓亡。

前二二八年（秦王政十九年）

秦將王翦攻入趙都邯鄲，俘趙王遷，趙亡。公子嘉奔代（今河北蔚縣東北），稱代王。

前二二五年（秦王政二十二年）

秦將王賁攻魏都大梁（今河南開封），魏王假降，魏亡。

前二三〇年（秦王政十七年）

秦滅韓，張良立志反秦復國。

前二二三年（秦王政二十四年）

秦軍攻入楚都壽春（今安徽壽縣西南），俘楚王，楚亡。

前二二二年（秦王政二十五年）

秦在原吳、越地置會稽郡，至吳縣（今蘇州市）。秦將王賁攻燕，俘燕王，燕亡。又攻代，俘代王。

前二二一年（秦王政二十六年）

秦將王賁攻齊，俘齊王，齊亡。

秦王嬴政統一全國，建立秦朝，都咸陽。嬴政自稱「始皇帝」，除謚法；廢封建，設郡縣；又統一文字、貨幣、度量衡。更名「民」曰「黔首」；徙天下豪富十二萬戶於咸陽。

前二一八年（秦王政二十九年）

第二次布匿戰爭。

前二一八年（秦王政二十九年）

張良在博浪沙刺殺秦始皇失敗，亡命下邳。

前二一六年（秦王政三十一年）

坎尼會戰是第二次布匿戰爭中的主要戰役。此前迦太基軍隊主帥漢尼拔入侵義大利，在此大敗羅馬軍團。

前二一四年（秦王政三十三年）

羅馬進攻迦太基本土。

第一次馬其頓戰爭。第一次馬其頓戰爭是羅馬共和國和其希臘盟友與馬其頓王國腓力五世之間的一場戰爭。

前二一三年（秦王政三十四年）

始皇下令「焚書」。

前二一二年（秦王政三十五年）

始皇下令「坑儒」。

前二一〇年（秦王政三十七年）

始皇第五次巡行，死於沙丘。李斯、趙高立胡亥為二世皇帝，賜扶蘇、蒙恬死。

前二〇八年（秦二世二年）

趙高誣李斯謀反，李斯被腰斬滅族。

前二〇七年（秦二世三年）

趙高殺秦二世。秦王子嬰殺趙高。

前二〇九年（秦二世元年）

陳勝、吳廣起義，劉邦於沛縣舉事，張良亦聚百餘人舉旗反秦，歸從劉邦。

前二〇八年（秦二世二年）

張良隨劉邦投奔項梁，項梁派張良找韓成，立韓成為韓王。

前二〇七年（秦二世三年）

張良跟從劉邦，攻破韓地十餘城，又南下攻下宛，西入武關。

前二〇六年（漢王元年）

秦王子嬰向劉邦投降後，劉邦納張良之諫，封秦府庫，還軍灞上；劉邦赴鴻門宴，在張良的協助下，終於脫險；項羽封劉邦為漢王，劉邦西去漢中，張良回韓國，臨別獻計「火燒棧道」；項羽殺韓王成，張良逃跑投奔劉邦，被封為成信侯；張良進言劉邦，韓信可以委以重任，聯合英布、彭越共同擊楚。

前二〇四年（漢王三年）

劉邦入關中收兵，出武關，酈食其勸劉邦封六國後人為諸侯，張良力諫而止。

前二〇二年（漢高帝五年）

扎馬戰役，西庇阿擊敗漢尼拔。迦太基和羅馬講和，並簽下苛酷的和約。

前二〇一年（漢高帝六年）

第二次布匿戰爭終。迦太基乞和。

前二〇〇年（漢高帝七年）

匈奴圍攻晉陽（治今山西太原西南），高祖率軍迎戰，被圍困於平城白登山（今山西大同市東北）達七日。史稱「白登之圍」。

第二次馬其頓戰爭。

前一九八年（漢高帝九年）

採婁敬之議，與匈奴結和親，開關市。徙齊、楚大姓豪傑於關中。

前二〇三年（漢王四年）

項羽與劉邦議和後，項羽歸彭城，張良向劉邦分析天下形勢，與陳平勸劉邦追擊項羽。

前二〇二年（漢高帝五年）

項羽兵敗自刎，劉邦於定陶即帝位，都洛陽，張良勸劉邦聽從婁敬定都關中的建議。

前二〇一年（漢高帝六年）

劉邦封張良為留侯，食邑一萬戶；張良獻計封雍齒為侯，穩定諸將為爭功密謀反叛的局面。

前二〇〇年（漢高帝七年）

劉邦遷都長安，張良進入關中後，修仙學道，不吃五穀，閉門謝客一年多。

前一九八年（漢高帝九年）

劉邦欲廢太子，呂后強請張良出計，張良建議請出「商山四皓」輔助太子。

前一九六年（漢高帝十一年）

呂后殺韓信、彭越。

遣使陸賈至南越，封趙佗為南越王。

前一九五年（漢高帝十二年）

高祖卒，太子劉盈即位，是為漢惠帝，呂后掌政。

衛滿率部攻朝鮮，滅箕氏王朝，建衛氏王朝，都王儉（今平壤）。時半島南部另有三國：辰韓、弁韓、馬韓。

前一九四年（漢惠帝元年）

呂后殺趙王如意及其生母戚夫人。

前一九三年（漢惠帝二年）

蕭何死，曹參代為相國，沿襲成規，無所變更，史稱「蕭規曹隨」。

前一八八年（漢惠帝七年）

惠帝卒，養子劉恭即位，是為漢少帝，高皇后呂氏臨朝稱制。

前一九六年（漢高帝十一年）

英布謀反，劉邦親自出征，令張良輔佐太子，為太子少傅。

前一九五年（漢高帝十二年）

劉邦病重，仍想廢太子，張良勸諫不聽，故稱病不問政事；「商山四皓」輔佐太子，劉邦放棄廢太子；四月劉邦病逝，漢惠帝即位，呂后秉政；呂后感念張良恩德，勸張良食五穀。

前一八九年（漢惠帝六年）

張良去世，謚號文成侯。

國家圖書館出版品預行編目 (CIP) 資料

張良 / 沈念著 . -- 第一版 . -- 新北市 : 風格司藝術創作坊 , 2020.01
面；　公分 . -- (嗨 ! 有趣的故事)
ISBN 978-957-8697-64-5 (平裝)

1.(漢) 張良 2. 傳記

782.821　　108021457

嗨！有趣的故事

張良

作　　者：沈　念
責任編輯：苗　龍

發　　行：知書房出版
出　　版：風格司藝術創作坊
235 新北市中和區連勝街 28 號 1 樓
電　　話：(02) 8245-8890

總 經 銷：紅螞蟻圖書有限公司
台北市內湖區舊宗路二段 121 巷 19 號
電　　話：(02) 2795-3656
傳　　真：(02) 2795-4100
http://www.e-redant.com

版　　次：2021 年 1 月初版　第一版第一刷
訂　　價：180 元

ISBN　978-957-8697-64-5　　Printed inTaiwan